西安交通大学研究生"十四五"规划精品系列教材

管理思维与管理沟通
基于意义给赋的视角

尚玉钒／编著

科学出版社

北　京

内 容 简 介

人与人之间的沟通效果不仅取决于你"说的什么"，更取决于你是"怎么说的"，人所构思的"意义"的传递影响着最终的沟通效果。本书从"意义给赋"视角出发，阐释在人际交往中如何达成预期沟通效果。首先，本书阐明人际沟通是一种"意义的传递与理解"，旨在说明从意义给赋视角来谈论管理思维与管理沟通的重要价值，并基于迪尔茨的语言框定基本原理，归纳出五种语言干预策略。其次，本书提出意义给赋的非语言干预的两种路径：意义给赋的行为干预策略及情境干预策略。最后，本书提出意义给赋系统干预原理和策略，同时列举了不同实践领域的运用实例。

本书适合学习管理沟通类课程的本科生和研究生阅读，也适合对管理思维与管理沟通感兴趣的实践工作者借鉴使用。

图书在版编目（CIP）数据

管理思维与管理沟通：基于意义给赋的视角 / 尚玉钒编著. —北京：科学出版社，2025.1

西安交通大学研究生"十四五"规划精品系列教材

ISBN 978-7-03-076771-4

Ⅰ.①管… Ⅱ.①尚… Ⅲ.①管理学-研究生-教材 Ⅳ.①C93

中国国家版本馆 CIP 数据核字（2023）第 202771 号

责任编辑：方小丽 / 责任校对：贾娜娜
责任印制：张　伟 / 封面设计：有道设计

科 学 出 版 社 出版

北京东黄城根北街 16 号
邮政编码：100717
http://www.sciencep.com

三河市骏杰印刷有限公司印刷
科学出版社发行　各地新华书店经销

*

2025 年 1 月第 一 版　开本：787×1092　1/16
2025 年 1 月第一次印刷　印张：9 1/2
字数：225 000

定价：48.00 元

（如有印装质量问题，我社负责调换）

前　言

党的二十大强调"加快建设教育强国"，并提出到 2035 年"建成教育强国"的目标。这为教育发展锚定了清晰而坚定的战略定位。因而，在教育的主战场之一——大学教育中，开发出我们自有的、独具特色的教材以应和时代发展的需要就显得尤为重要。

在前期调研大学中涉及"管理沟通"相关课程的教材时，我们发现，现有的教材要么是从听、说、读、写等沟通基本功能着手；要么是从谈判、会议、冲突管理等沟通情景来分类，以期培养和提升学生的这项软技能。它们大都是借鉴了国外同类教材的内容建构模式，这种功能性和应用情景性的解析无疑是能够提升人们的沟通实战能力的，但其不足之处则是缺乏对管理沟通有效性的深度思考。正如，在日常的人际互动中要想达成理想的沟通效果，人们通常会着重考虑"你的口才如何？"，人们常会把"沟通不良"归咎于当事人的语言和非语言的表达能力问题。实践中，有效人际沟通影响，不仅是看你说得怎么样，更要看你是否在头脑中想得清楚，所以本书是拓展纵深到思维的层面，结合"内在思维模式"与"外在干预路径"两个方面来共同解析人际互动影响"如何让改变发生"的基本规律。

进一步来看，本书从一个独特的理论视角——"意义给赋"来探究人际沟通影响的有效性。正如马克斯·韦伯曾说"人是悬在由他自己所编织的意义之网中的生物"。显然，我们对意义的阐释会影响着我们自己的生活，而且，在人际互动过程中，我们也会因向沟通客体传递"意义"的差异而产生截然不同的沟通影响效果。

总之，本书聚焦于人际互动影响中"如何让改变发生"的问题。如果在现实生活中，你也想去影响或干预自己周围的人，想让其发生你所期望的改变，那么就很有必要来了解一下"意义给赋"的理论和成功实践策略。

本书的特色可以概括为以下几个方面。

第一，本书具有揭示人际影响的独特透视角度。本书不同于其他的管理沟通规律的探寻，而是专门从人际互动中"意义的传递和理解"来揭示成功影响他人观念和行为改变的有效途径。

第二，本书汇集了丰富的成功情景案例。管理思维与管理沟通能力是一项重要的人文社科类软技能，它的最佳提升路径就是"向成功学习"。因而本书采撷了古今中外大量成功者的实践情景案例，以便于读者能更好地理解并参悟成功的规律。

第三，本书呈现出理论和实践有机融合。不仅阐释了意义给赋的作用机理，还从语言、非语言以及系统干预策略等方面提出相应的影响举措，这有利于读者更好地根据实际情况来灵活选取适宜的应对策略，从而有助于实现期望的沟通目标。

　　本书的出版汇集了许多人的智慧和汗水。一方面，要感谢我的学生们，在担任西安交通大学管理学院"管理沟通"课程主讲教师的过程中，无论是 MBA 课堂还是本科生课堂，我都会拿出一定的章节时段来与大家研讨"意义给赋"的话题，学生们对此表现出极大的兴趣，也帮助我收集了许多实战的案例，从而让本书抽象的理论变得通俗易懂；另一方面，我也要把感谢送给我的先生和我们的两个女儿，是他们的支持和鼓励，让我挤出许多时间，从而能顺利完成本书的撰写工作。

　　由于作者水平有限，书中不足之处敬请读者批评指正。

尚玉钒

2025 年 1 月于西安

目　录

第一部分 > > >

意义给赋的基础

"让你陷入麻烦的，不是你不知道的事，而是你自以为知道，其实错误的事。"

——马克·吐温

第一章　我们为什么需要关注"意义给赋"？

你脑海中是否曾闪过一种冲动："若是他再改那么一点儿就好了"，这种想法可能是对公司中自己下属的，希望下属再多一些工作主动性；也可能是针对客户的，希望客户更多考虑一下性价比；抑或是对孩子的，希望孩子再听话一些；等等。一般情况下，当我们有了这些想改变他人的想法时，可能就会采取一些干预措施，如说服、教育、强制、利诱等。无论采取哪种方式，这些举措都是着手于对当事人施加一定的影响，目的是能使他人朝着我们希望的方向发生一点点改变。然而，问题是：你实施的影响和干预举措是否有效呢？

在现实生活中，我们扮演着多种角色：在工作中，扮演着领导、下级、客户等；在家里，是父母的孩子、儿女的家长、兄弟姐妹或旁系亲属。这些角色使我们不断地与他人发生联系，并通过表达自我的意志来影响他人的行为方式。

我们每天可能需要花费 80% 的时间与他人进行沟通，而想要说服、影响他人按照我们所期望的结果发生改变，恰好体现了管理沟通的一种关键作用。说服沟通的目的一方面是让他人理解我们的意图，另一方面是期望他人能接受我们的观点或主张，特别是当对方已有自己固定的看法时，我们希望通过沟通的方式对其产生影响——接纳我们的思想观点并按照我们所主张的观点行事。显然，要达到这个目的并不是一件容易的事。

我们常说沟通有时能起到"四两拨千斤"的作用，但是能否发挥出这种作用取决于一个人的沟通技巧如何。细细分析一下，我们可以发现，其实它所表达的重点不是你应"如何说"，而是你的思维应如何考虑和规划这个说服影响过程。在本书中，我们来谈管理思维与管理沟通，就是想从更深的层面分析人际影响的可能路径与举措。

根据罗宾斯的说法："沟通是意义的传递和理解。"（罗宾斯和贾奇，2012）我们从意义给赋的视角分析这种人际互动的影响过程，就是要把思维与沟通囊括在一个框架体系内。因为我们的基本观点是：在人际交往影响过程中，若想使他人发生改变，一方面，取决于影响者如何与对方沟通，如何陈述和表达自己的观点；另一方面，取决于影响者自己对问题情境的理解程度，即影响者的思维层次，这主要源于影响者看到的问题"解"的有效性。正如我们通常所说的"思路决定出路"，当你看到了其他人未意识到的问题的独特价值，你才可以更好地通过赋意现实情境而影响交往对象的观察视角，从而引导对方发生改变。我们针对现实问题的"解"常常隐含于我们思考着一个什么样的问题，问题提炼的程度将决定着我们所提出的解决方案的有效程度。意义给赋的本质，首先是思维层面的问题，在于我们对于情境问题的注解水平，即思维加工的深度，它影响着我们可以看到的解决问题的可能策略；其次是沟通层面的问题，即人际互动过程中语言与非语言的组织加工技巧问题。如果只是单纯谈沟通策略，而不涉及本质的思维方式，想要说服影响他人则只是缘木求鱼罢了。

本书的核心概念"意义给赋"，就是关于人与人之间相互作用之影响的规律，它旨在揭示我们如何能影响其他人，使其发生我们所期待的改变。它的适应情境比较普遍，如领导对下属、销售员对客户、家长对孩子、教师对学生等，在一定程度上可以说几乎在有人际互动的所有沟通情境中都有"意义给赋"的存在。

我自己第一次深切地感受到"意义给赋"的魅力是在听到一个关于陪伴孩子住院治病的故事时。有一位年轻的妈妈带着2岁多的小女儿，那个小女孩因病在医院里已经住了近十天了，但仍需要继续住院治疗。一间18平方米的狭小病房中共有三张床位，每个孩子都有两三位家长陪护，所以，整个房间狭窄而拥挤，孩子白天黑夜都封闭在这样一个环境中，还要接受各种输液扎针治疗，忍受着平常人从未体会过的煎熬。

有一天下午，孩子大哭不止，一直哭喊着："我要回家，我要回家……"当时，刚好是这位妈妈在陪她，年轻的母亲想尽了自己能想到的各种办法。比如，给她讲故事、给她唱歌、与她一起玩游戏、给她好吃的零食、抱着她到楼道里转悠……但无论怎么哄逗她，她都不高兴，一直不停地说着要回家，母亲实在是没办法，自己也筋疲力尽。终于等到孩子的父亲过来送饭，父亲进来后静静倾听了母亲的无奈和抱怨，了解到孩子整个下午情绪烦躁的情况，他走到孩子面前坐下，在给孩子擦小手准备吃饭时，看着她的眼睛说："孩子，你在哪里，咱们家就在哪里的。"孩子一下儿愣住了，马上停止了哭闹，而且此后再也没有因为不愿在医院里待而闹人了。这让当时站在旁边的母亲非常吃惊，因为尽管她折腾了一下午，耗时又费力，却根本没有什么效果，但父亲的一句话就解决了问题，这简直是天壤之别！

在这个事例中，到底是什么导致了父亲与母亲在同孩子沟通的效果上产生如此悬殊的差异呢？我一直在思考：这位母亲费尽周折半天怎么就抵不上父亲说一句话的作用大呢？直到有一天，我在翻阅外文文献时看到"sense-giving"（意义给赋）一词，一时间令我恍然大悟，于是我就喜欢上了它。

当时，我在大学里讲授"管理思维与管理沟通"这门课程，有机会看到许多这方面的案例。环顾四周，我发现，"意义给赋"可谓无处不在，只要我们试图影响其他人的行为处事方式时，它就能揭示出成功实现让他人发生改变的基本规律。

本书并不是简单地来谈沟通中的说服，而是从人际影响的角度来谈"意义给赋"。我们想表达的是，人与人的沟通交往，不仅取决于影响者在做说服工作时语词的组织与表达，更关注影响者所营造的情境中承载的意义对他人的影响。例如，如果你用鄙夷和不屑一顾的语气说"你能行"时，它传递给对方的"意义"就完全没有褒义的赏识，而其中所暗含的蔑视和打击等诋毁的意味则很浓重。所以，我们并不关心那些所谓的苦口婆心但却实属徒劳之举的话语，而是应关注那些能产生影响效果的"让对方感受到的意义"到底是什么。

第一节　感受性时代更需要意义给赋

当今世界，我们享受着人类所创造的丰富的物质财富。我们能切身感受到的是，商店货架上所陈列的琳琅满目的商品，例如，在一家大型的体育用品工厂店里，仅运动鞋就有上百种款式，它们针对不同的用途和人群，有不同的档次，可谓是让人目不暇接；我们能切实享受到的，就是市场上的四季鲜果和蔬菜、粮食肉类，可谓是应有尽有；现代信息技术的发展也带给人们许多视听的盛宴，无论是在地铁上还是在高铁上，几乎人手一部手机，人们不断地滑动着屏幕，在各类视频软件中搜索着自己感兴趣的话题，丰富的内容极大地影响着我们工作和生活的方式。从市场的供给关系来看，当前的经济形势与以前相比发生了很大的变化。

这样，人们对自己生活状态的认知，不只是取决于人们拥有什么，更取决于人们对自身拥有什么的"感受性如何"。其实，人们的主观幸福感，并不是仅取决于拥有金钱的数量，而是取决于人们拥有物件时的感受性。这时人们拥有物品的意义就显得尤其重要：你拥有的高档品是意味着"你有钱"，还是"得到了爱"，这两种不同的意义给人的感受性是有显著差别的。

当今物质财富呈倍数级增长，但人的幸福感却并不是以财富数量相同比例在增长，甚至还出现了钝化和麻木的趋势。从商家的角度来看，在感受性时代，顾客每一次购买的产品或服务在本质上不再仅仅是实实在在的商品或服务，而是一种感觉，或者是一种情绪上、身体上、精神上的体验。这引发我们参照马斯洛的需求层次理论，对人类需要与激励的关系问题进行重新思考。

（1）当物质极大丰富时，人们的需要处于一种"需要泛化状态"（尚玉钒，2011）。譬如，人们可能表现为认为金钱越多越好，认识更多朋友也很好，能做一番大事也不错等，甚至有时在面对现实的选择诱惑时，可能连自己都不能确定自己需要的到底是什么。这时，在人际交往中，一方想影响和激励另一方又应从何种需要谈起呢？

（2）人们所追求的"更多拥有"的需要是正确的吗？换言之，是可以给个体带来更多福祉吗？正如加纳德所说的，流行小说宣扬的幸福观是满足欲望，而我们认为正确的幸福观是指人们朝着有意义的目标而进行努力奋斗的过程。运用幸福学、积极组织行为学理论我们能够揭示人的主观幸福感规律，并观察到后工业化社会中物质过剩经济和社会存在方式之间的反差。基于此，我们认为有必要彻底地重新审视原有的人际互动中的影响激励范式。

这里，我们借用"范式"的改变来谈这个问题，按照库恩的定义，每一种范式都是一种特殊的观察世界的方式。在不同的范式指导下观察世界，会产生完全不同的观察结果（库恩，2021）。就好像我们不能用计划经济的思维模式来看待市场经济建设一样，在人际互动的影响激励中，我们认为，随着时代的变革，原有基于"匮乏需要"的激励范式有待于重新建构。

一、重新审视经典激励理论的基本逻辑：发现需要——激励

马斯洛的需求层次理论是一种动机激励理论，该理论是由心理学家亚伯拉罕·马斯洛创立的，系统地阐述了人类需要的规律，其主要包括三个基本点。一是人的需要分为五个层次，这些基本的需要包括生理的、安全的、社交的、尊重的和自我实现的需要，由于各种需要的重要程度不同，因此形成了需要层次结构，如图 1-1 所示。二是五种需要并不是并列的，而是由低到高排列的。当较低层次的需要得到满足，且满足相对充分时，高一级的需要就会凸显出来。马斯洛认为，只有未满足的需要才能够影响行为，产生激励作用。三是人的行为是由主导需要决定的。在同一时期，人们可能会有多种需要同时存在，但一定有一种是主导需要。

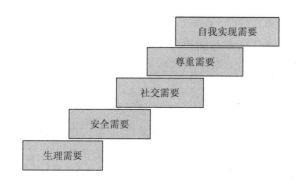

图 1-1   马斯洛的需求层次理论示意图

马斯洛的需求层次理论认为，需要不仅是人类内在的天生的、下意识存在的，而且是按先后顺序发展的，满足了的需要不再是激励因素等（罗宾斯和贾奇，2012；杨锡山等，1986）。这就打破了以往人际互动中影响激励对方的基本逻辑：以往认为"需要"，即便是人的主导需要也是即时自然存在着的，在交往中，要想实现影响干预，就需要深挖对方的主导需要并给予一定的满足。譬如，人在饥饿时，对食物的需要是自发的、强烈的，此时可能几乎不会有认知和思维加工过程，寻找食物的需要就会引发强烈的行为动机。在现实生活中，对于这一现象需要分情况来理解：第一种，当人们处在物质短缺时期，人们的这种寻找食物的需要可能表现出饥不择食，只要能解决饥饿问题就可以了。第二种，当人们处在物质丰富时期，人们对食物的需要则呈现出完全不同的情形。人们在饥饿时，更会考虑吃什么、如何吃、在哪里吃、与谁共餐等，而这时的寻找食物决定就需要复杂的认知和思维加工过程的参与，这时的关键在于情境如何调动其主观的意义感知，从而影响交往对象对即时需要的理解。当人们的基本需要得到满足时，特别是在外部信息极大丰富时，人的主导需要不再是机体匮乏时的既定需要，而是一种基于情境认知与理解后的感知需要。

二、全新的人际互动激励范式：引导需要——激励

在过剩经济背景下，丰富的物质刺激可能激发人们无尽的欲望，但这时也让我们思考：人的主导需要的产生机理也是一个人的自主认知发挥作用的结果。个体的行为受其认知阈限的控制，个体通过自主性的信息选择来认知外部世界，并把这一认知在自己的大脑中形成一种"意义"。不同的意义生成会影响人们的意境感受，从而引导出不同的行为意向。正如心理学中认知理论所强调的，人们只不过是把自己理解的情境认为是现实，"现实只不过是外在世界于大脑中的投影而已"（罗宾斯和库尔特，2004）。这也说明，在人际互动过程中，可以通过某些方式去引导或干预交往对象的意义生成，从而引导其需要以调动行为。

所以，我们认为：当物质相对充裕时，人的需要是由情境激发的，而非人自发产生的。这个内在的作用机理可以用图1-2表示：外部世界物质极大丰富，社会、组织及伙伴都会提供大量信息，并将这种承载丰富意义的信息呈现在个体面前，而当个体内在基本生存状态已相对饱和时，个体的内在需要处于一种茫然迷失状态，即需要更多的物质享受、更多的亲情和友情、更受到社会认可和尊重以及自我实现等，这里它的认知系统被启动，来对情境进行分析和判断，对于各种综合信息的感受性的强弱影响他们对情境的理解，即意义生成，从而使个体感知到自己的即时需要（主导需要凸显），并以之引发动机来指导相应的行为。

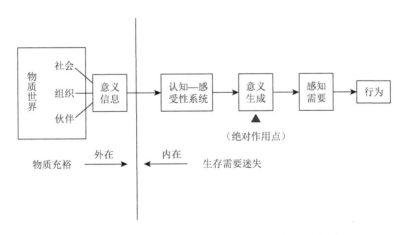

图1-2　全新的人际影响过程中激励作用机理示意图

这种人际互动的影响干预激励模式揭示出了需要的复杂性，在需要类型和层次上是可以通过情境即时激发的。譬如，它既可以是追求高级的成长需要，也可以是追求基本的安全需要。

这给组织领导者带来了极大的挑战，人类需要的复杂性同时反映出它具有可营造的特性。在人际交往过程中，我们恰恰可以充当这个"引导员"，把人的注意力引导至不同

的焦点上，如关注利益得失、关注理想自我。譬如，一位浙商带领几位核心高管来到北方打拼建立分公司，他鼓励下属安心工作时强调"辛苦我一个，幸福一家人"，这种对创业初期的艰辛和背井离乡境况的注解无疑对其下属起到了很好的激励作用。他把员工的注意力引导到追求理想自我，而非个人的儿女情长之上。他的财务总监讲述说，她自己离开刚出生八个月的女儿来到北方工作，每天晚上因为思念孩子都会流泪，但她在这个时候总会想到他们老板的这句话，于是她总是用饱满的工作日程安排把自己的时间占满，从而化解对孩子的思念。

三、两种激励范式的比较

分析了物质短缺与物质过剩经济背景下激励范式的差别后，我们发现：首先，它们存在的社会基础不同，前者描述的是一种物质贫乏的社会现实，而后者描述的是一种物质充裕的社会现实。其次，个体认知状态存在差异，前者对于匮乏的需要个体是有敏锐感知的，基本不需要个体复杂的认知加工过程的参与；但后者由于面对多种选择性需要个体调动复杂的认知加工过程，才能对情境进行理解和判断。从动机的产生模式来看，前者是因为匮乏而引发的动机，后者是经由个体在对情境进行理解的基础上进行意义诠释而引发相应的动机，这即说明意义诠释的差异会引发截然不同的行为动机。如是，我们可以看到激励范式的差异，前者强调发现需要达成激励，后者强调引导需要达成激励。这也就意味着管理的变化，前者使影响者关注"需要"，后者使影响者更关注营造"意义"（表1-1）。

表1-1   不同社会状态下人际交往的影响范式异同比较

比较项	短缺经济背景下	过剩经济背景下
社会基础	物质贫乏	物质充裕
激励物质	不足/匮乏	过剩/泛滥
个体认知介入	很少	很多
动机产生	匮乏引发动机	意义诠释引导动机
影响模式	发现需要影响	引导需要影响
管理方式	管理"需要"	管理"意义"

总之，当处于过剩经济时，人们生存的方式与以往各时期相比会发生翻天覆地的变化，物质世界的丰富也影响着人类基本需要的作用规律，以往组织中的员工激励更多强调"发现需要——激励"，即关注员工个体本身的自发需要去设计满足方案，它的建构逻辑是"发现匮乏的需要去满足"；但在现代社会中，物质的极大丰富与人类关联的多样化，使人的基本需要呈现出饱和与盈余的状态，此时组织领导者在激励员工时，可能

更应该选择的路径是"引导需要——激励"，它遵循的建构逻辑是"营造意义增强认知感受性进而达成对交往对象的影响"。因此，在感受性时代，我们更需要意义给赋。

第二节　成功影响他人的关键在于意义给赋

我们来看这样一个具体的管理情境。

当年，苹果公司的 Macintosh 电脑刚研发出来时，乔布斯看过之后，就去找负责电脑操作系统的工程师拉里·凯尼恩（Larry Kenyon），并对他说自己觉得开机时间过长了，要求工程师把开机时间再缩短 10 秒。拉里认为不可能，因为他知道这已经是当时技术可以达到的极限水平了。

这是不是我们经常会碰到的情境：领导期望下属再做得好一点儿，但下属认为不可能再提升了。这时，如果你是这位领导，你会如何影响下属来促使其完成任务呢？

下面，我们具体来看一下当年苹果公司的 CEO 乔布斯的做法（案例 1-1）。

📝 案例 1-1：乔布斯如何激励工程师缩短电脑开机时间？

当年，苹果公司的 Macintosh 电脑刚研发出来时，乔布斯对它的开机速度不满意，他对 Macintosh 操作系统工程师拉里·凯尼恩说希望开机时间能再缩短 10 秒，但拉里向乔布斯解释为什么缩短启动时间是不可能的。乔布斯打断他说："如果能够拯救生命，你能想办法让启动时间缩短 10 秒吗？"说着，他走到白板前写下三个数字，即 500、300、100，然后他解释道："如果有 500 万人正在使用 Macintosh，而每天电脑的启动使用时间缩短 10 秒，那么一年就能节省大约 300 万个小时，这相当于每年拯救 100 个人的生命。"拉里答应试一下，几周后，拉里成功使电脑的启动时间缩短了 28 秒。

（资料来源：沃尔特·艾萨克森.2023.史蒂夫·乔布斯传.赵灿译.北京：中信出版社）

从这个案例我们可以看到，在工程师对于完成电脑开机时间提速任务表现出畏难情绪时，乔布斯没有与他沟通完成这一任务的技术问题，因为他知道这是一个前所未有的高难度目标，工程师也没有足够的信心去挑战这个目标。乔布斯不去谈能力问题，转而从任务价值层面"拯救生命"给赋这项任务以意义，从而激发了工程师强烈的使命感，促使他努力尝试去超越极限，并最终引领其完成了电脑开机提速的艰巨任务。

在日常生活中，我们需要与不同的人打交道，因此，如何影响他人就成了必须具备的一项技能。虽说影响他人的关键因素是真诚，但若只有真诚可能还是会让他人因为无法理解你的意图而不能达成认同，从而难以达到影响当事人的效果。

当你想要影响他人时，首先需要考虑你能够成功影响他人的关键是什么。不同的人可能有不同的理解，比如：有人会认为，成功影响他人的关键在于把自己的主旨表达清楚，不要让对方产生误解；还有人会认为，通过满足对方的需要来达到影响的目的。罗宾斯认为，人际沟通其实是"意义的传递和理解"，这也让我们了解到，在任何一场人际影响互动沟通中，赋予情境事件特定的意义才是成功影响的关键。当我们赋予不同的意义时，人们对情境的理解会发生变化，从而出现不同的反应方式。下面，我们一起来看案例1-2。

案例 1-2：剧院经理如何请女士们脱掉帽子？

外国某地的女士们流行戴一种很高的帽子，但在剧院里，戴这种高帽子却挡住了后面观众的视线，剧院负责人劝她们脱帽，却无人理睬。有一位剧院经理看到这种情况，就说了一句话："所有人应该脱掉帽子，唯老人与病人除外。"于是，女士们都纷纷摘下了自己的高帽子。

（资料来源：根据相关资料整理而成）

从这里我们可以看到，当我们想劝说他人发生改变时，关键的作用点并不是其外显的行为。比如，如果你说"请大家摘掉帽子，以免影响后面的观众"，在这里我们并不能通过关注女士们"摘下帽子"的行为来进行理性说服，因为这种说服非常困难，这些女士们"戴帽子"的行为是受其自身对于"戴帽子体现自我高贵身份"这一信念的影响，而这一点与剧院负责人所期望的"摘掉帽子"是相背离的。所以，我们应该直接针对支持其行为内隐的信念进行重新塑造，也就是赋予"戴帽子"全新的意义，即"戴帽子是老人与病人的专享权利"，这一注解即刻动摇了女士们原有的信念，外显的行为反应就是剧场内所有女士马上摘掉了帽子，这样就没费吹灰之力便达成了剧院负责人期望的改变。

成功影响并不是简单地投其所好，而是要满足交往对象本身自有的成长需要。原因在于：人的显性需要通常是会有自利性的，可能较为狭隘，根本没办法完全满足。比如，一些没有工作热情和工作动力的"啃老族"，他们习惯好吃懒做，整天无所事事，这种基本生存信念都有问题的人，你能满足他们吗？那么，应如何影响其发生改变呢？对于这种情况可能只有通过意义给赋，重塑其对于生活、工作、人际关系之意义的理解，帮助他们找到生活中的兴趣点，再结合现实社会需要，才能重燃其对于人生的热情。

正如前文所述，人的需要可能是"泛化的"，即在同一时刻人们可能会存在多种不同的需要，特别是当物质条件得到充分满足后，人们不再被各种基本生活需要所困扰，这时人会表现出更多的自主性，可能追求更好的物质享受、更和谐的人际关系、更高的社会成就等，这些就突出表现为需要的泛化状态，此时什么样的情境意义被引导出来，就会使特定的需要凸显出来并成为主导需要。下面，我们来看一个例子（案例1-3）。

案例 1-3：如何理解销售心脏起搏器这份工作？

在一家生产和销售心脏起搏器的公司，一线的销售人员都出现了不同程度的工作倦怠，他们认为自己的工作就是向医院或患者推销医疗器械。其中一位销售人员觉得自己的销售工作只是养家糊口的饭碗，因而感觉自己的工作简单重复，就挣那么点儿钱，很是无聊。但当他的主管把一些使用了他们公司心脏起搏器的患者得到新生的案例收集起来，并邀请患者来公司与员工座谈以表达感谢时，这位销售员感觉到自己的工作竟然可以间接地拯救一个人的生命，顿时感觉到自己工作的意义。

（资料来源：根据相关资料整理而成）

从这个例子我们可以看到，影响他人并不是简单地满足对方的需要，而是需要借助一个引导的过程，即从"无意义"到"有价值"的过程，这恰恰就是意义给赋所发挥的作用。我们认为，意义给赋的关键在于干预人们对事件情境的根本理解，即干预人们大脑中的核心信念。这里的核心信念是指，人们认为事件或情境"应该是什么"的一种自有观念。当这些核心信念影响人们对情境的根本理解时，人们的行为逻辑就会强烈地受其所支配。

正确信念的形成受到当事人所接触到的重要人物的影响，也就是说，当事人头脑中形成的"意义"是受情境中重要的人对事件进行注解和赋意而生成的，所以，我们若能对当事人进行积极的影响，即通过意义给赋来影响当事人形成正确的信念，则将产生新的价值。

我们来看一个有趣的实验（案例1-4）。

案例1-4：如何减少那些家长虐待孩子的行为？

美国俄克拉荷马州立大学的贝弗莉•芬德伯克教授团队，对110位虐待孩子的家长进行了研究。他们随机选取了一半家长，让他们接受12次的亲子互动治疗；而另一半家长则接受12次的愤怒管理治疗。

亲子互动治疗要求家长每天花5分钟全心全意地陪伴孩子，赞美孩子的行为，并具体描述他们的动作，让孩子感受到被重视。比如，家长会称赞孩子"你对那个洋娃娃真友善"，或者在给孩子下命令时解释理由，如"校车要来了，赶紧穿鞋子吧。"而愤怒管理治疗则主要帮助家长控制自己的情绪。研究团队在治疗结束后，对家长进行了3年的跟踪测试。结果显示：接受愤怒管理治疗的家长中，有60%再次出现了虐待孩子的行为；而接受亲子互动治疗的家长中，只有20%再次犯错。

在这个实验中，我们看到亲子互动治疗组的家长是通过赋意孩子以"父母的爱"来帮助其建构积极行为方式。愤怒管理治疗组的家长只是"管理自己的负面情绪"，赋意孩子的意义在于：强调父母是通过自我克制来容忍孩子的不良行为或恶劣本性的，这还是向孩子说明他们不够好，且在这一过程中并没有改善孩子不适宜的行为，而正是这些不良行为才是影响家长情绪的根本原因。实验表明，亲子互动治疗通过向孩子传递父母的爱来帮助他们建立积极的行为模式。而愤怒管理治疗只是让家长学会控制自己的情绪，并没有真正解决孩子不良行为的问题。因此，亲子互动治疗更有利于改善亲子关系和改变孩子的行为方式。

（资料来源：奇普·希思，丹·希思.2010.瞬变：如何让你的世界变好一些.焦建译.北京：中信出版社，根据书中案例改编而成）

由此可见，成功影响他人的关键在于通过意义给赋影响他人做事的固有信念，从而引导当事人对特定情境形成新的认知，进而表现出新的行为反应方式。这种干预影响路径相较于从外露的情感、表面的行为方式方面去干预，效果更好。通过意义营造，我们可以更好地改变人们固有的信念逻辑，因为人们所持有的信念影响着人们的情感体验及行为方式。

第三节　你不是在说话，你是在"意义给赋"！

在现实生活中，我们想要影响说服他人非常不易，让他人固有的行为习惯或思想观念发生改变，更不是一件容易的事。我们可能都有过类似的经历：在危急时刻领导试图说服下属重振士气、战胜困难；家长迫切地想干预孩子不要沉迷于电子游戏；团队领导想改变技术出身的管理者偏重技术和过分强调逻辑的思维方式；企业想让员工积极使用新的软件平台办公等；劝说他人在危机或困境中探寻出路和希望；干预某人改掉其不良的生活习惯；劝谏某人放弃其原有的狭隘思想观念；引导某人采用更为合理的行为方式；说服客户购买销售的产品等。但这种试图改变他人观念、习惯、悲观情绪或不良行为方式的努力是否都能达成期望的效果呢？现实生活中，有大量的尝试改变影响他人但结果却不尽如人意的沟通事件发生。众人时常感慨：让人发生一点改变真可谓难如登天，但为什么有些人却可以相对轻松地做到呢？是因为这些人具有沟通的天赋吗？其实，想达成影响效果是有规律可循的，有些人在自我实践中就摸索到了这些规律，但大部分人还是如雾里看花一般迷茫。下面，我们来看一个精彩的"意义给赋"片段（案例1-5）。

案例1-5：乔布斯是如何说服斯卡利接受苹果公司董事长一职的？

斯卡利回忆说："当时，我们站在阳台的西侧，面对着哈得孙河，他（乔布斯）最后非常直接地问我：'你会来苹果公司吗？'我说：'史蒂夫，我很欣赏你现在从事的事业，我为之激动不已。谁不会被你的想法所深深吸引呢？但是对我而言没有意义。史蒂夫，我很愿意成为你的顾问，以各种方式帮助你，但我真的无法到苹果公司任职。'"

听到斯卡利这样答复，乔布斯低下了头，停顿了片刻，凝视着地面。然后，乔布斯抬起头，向斯卡利发起挑战，提出了一个像幽灵一样直击他心灵的问题。

乔布斯问的是："你是想余生一直卖糖水呢，还是希望能有机会做出改变世界的壮举？"斯卡利说："乔布斯提出这个问题就好像有人狠狠地抽打我的胃使我为之震动。"

（资料来源：沃尔特·艾萨克森.2023.史蒂夫·乔布斯传.赵灿译.北京：中信出版社）

这是一场非常成功的影响说服改变的例子，就在短短几分钟的谈话中，乔布斯让一个已经用各种婉转推辞来表达自己主意已定的人放弃了固有的信念，最终实现了改变，斯卡利从原来的百事可乐公司退出加盟了苹果公司。

这个堪称教科书级的影响沟通案例，我们从中得到的启示是：其实，这里的关键就是那句话："你是想余生一直卖糖水呢，还是希望能有机会做出改变世界的壮举？"在一般人看来，没有任何改变可能的情况下，乔布斯没有放弃，也没有顺着斯卡利的逻辑思路去讨论到底"如何能更好地帮助"苹果公司。他非常突然地说出了赋予此次加盟苹果公司一种宏大意义的一句话，通过"卖糖水"与"改变世界"的价值比较来让人形成强烈的体验反差，这种新的价值戳中了斯卡利的软肋，把他正在从事的经营可乐公司的工作说成"卖糖水"这样一种几乎毫无科技含量的事情，它颠覆了斯卡利本想在自己熟悉的领域里工作的固有信念。因为，像斯卡利这样的公司高管，可能更在意的是获得自我成就，他本来想自己把可乐公司经营好就可以了，但乔布斯通过强调"改变世界"价值来比对"卖糖水"的价值，这一新意义价值主张强烈震撼了斯卡利，所以，只有这种极具感染力的"意义给赋"才可以真正促成让当事人的固有信念发生实质性的改变。

本书将向读者进一步介绍这种影响人际沟通交流的神奇力量。通常情况下，我们判断一个人是否有所改变，主要是通过观察其行为方式，而我们希望发生改变的那些人的行为方式则是受其固有信念所支配的，且人的大脑的所有活动都是用语言来对外界进行表征和反映的，所以我们可以去干预的是他人心智模式中的那些语言构件。正如迪尔茨曾说过的，人们所说的话语不仅描绘着我们的体验，也常常为体验设立框架（迪尔茨，2016）。话语将体验的某些方面置于显著位置，将其他信息留在背景中，以此来架构人们的体验。比如，在下文 A 和 B 两个例子中，只是说话的顺序颠倒了一下，就产生了截然不同的意义。

A. 你能做任何你想做的事情，只要你愿意足够努力。

意义：这是一个非常肯定而赋予力量的信念，它创造了很强的动机感，将梦想、愿望和使之发生的必要资源连在了一起。

B. 只要足够努力，你能做任何你想做的事情。

意义：这句话的影响力就会相对弱一些，因为"努力"被放在显著位置，所以更像是试图说服某人去付出"努力"，而不是肯定"你能做任何你想做的事情"。努力被架构为"做你想做的事情"所需的内在资源。

在进行沟通和交流时，我们自己所说的话，并不是仅对事实进行简单的表达或反应，而是取决于我们对情境进行深入思考后，对情境的理解和加工。我们通过自我语言的组织系统对情境赋予了特定的意义，正是这些"意义"影响着其他人对情境的理解，进而支配他们的信念，最终引导他们发生改变。

人对于自我的认知不断地需要外界的反馈，比如，我们希望影响孩子，使他学习的效果更好。如果在孩子的学习过程中，家长不断地反馈其做得好的地方，这就是赋予孩子一种意义：他是有能力做好自己的功课的。正面反馈不仅可以鼓舞孩子的学习热情，还会让孩子知道他在哪些方面的努力可以有成效。但若家长不断地反馈其做得不尽如人意的地方，如孩子测验得了 85 分，却听到有些家长说："怎么才考了这一点，看人家第一名都考了 95 分的"，这种说法就是暗示孩子做得不够优秀，这就是赋予孩子一种意义：他在学习方面是不够好的。如果家长又没有给孩子提出具体的改进措施，则这种反馈赋予孩子学习的意义即是负面的，长此以往就会严重影响孩子学习的积极性，再想让孩子学习好就会变得比较困难了。

正如迪尔茨在《语言的魔力：用语言转变信念的神奇旅程》一书中，通过研究名人的语言模式建立了一套说服和改变信念的强大工具——语言重构（迪尔茨，2016）。我们也认为那些成功地改变他人所持有信念的语言是有一定的规律可循的，正如马克思、林肯、爱因斯坦、甘地、马丁·路德·金等人在演讲和人际交流中所论述的，他们在用一些基本模式来影响周围其他人，他们所使用的语言机制有一定的共性，这些语言类别与特征构成一定的模式，而人们自觉得那些难以改变的关键信念就是通过影响者的语言模式来建立、转移，甚或转换的。

本 章 小 结

现实生活中，我们往往会进行许多试图改变他人观念、习惯、悲观情绪或不良行为方式等的尝试，但效果可能并不尽如人意。本章从意义给赋的视角来探讨如何实现这种人与人之间的影响，且主要是基于罗宾斯的说法："沟通是意义的传递和理解"，强调人与人之间的交往首先是思维层面的问题，即我们对于情境问题的思维加工深度，它影响着我们可以看到的解决问题的可能策略；其次是沟通层面的问题，也就是人际互动过程中语言与非语言的组织加工技巧问题。

特别是，当我们进入感受性时代，人们的需要在物质极大丰富时可能处于泛化状态，所以人与人之间增加对方响应你的激励逻辑不再是短缺经济时的"发现需要——激励"，而应该是"引导需要——激励"的新范式。

本章认为，成功影响他人的关键在于，通过意义给赋影响他人做事的固有信念，从而让当事人对特定情境形成新的认知，进而表现出适宜的行为反应方式。这种干预影响路径比从外露的情感或外显行为方式方面去干预更有效，因为通过意义营造可以更好地改变人们固有的信念逻辑，而人们所持有的信念左右着人们的情感体验及行为方式。

总之，从意义给赋的角度来理解影响者对他人所施加的影响，关注影响干预主体的思维方式以及话语中语词的组织和表达所传递的意义差异，这种做法可能会更好地帮助影响者走出影响干预难以实现的困境。

思考与练习

1. 请分享 1～2 个在工作和生活中所碰到的令你印象深刻的"意义给赋"情境。

2. 你是如何理解我们当今所处的感受性时代的？为什么说这样的时代更需要意义给赋？

3. 你是如何理解"成功影响他人的关键是意义给赋"？

4. 你是否意识到：在与他人沟通交流时，你试图影响对方的过程就是一个意义给赋过程？试举例说明。

第二章 意义给赋为什么能让改变发生？

第一节 什么是意义给赋？

对于"意义"的探寻由来已久，人类不仅追求金钱等物质，还追求意义等精神价值。很多东西我们虽没有看到过，但会在头脑中想象出来，所以，人的大脑会自己去构建很多意义，进而形成对整个世界的认识。人的大脑每天做的最重要的工作就是不断"扫描"外界环境，然后提醒自己哪些东西有助于自己的生存和发展。

当需要去影响其他人时，我们就会通过语言或非语言的符号系统来把自己想要表达的意思传递给对方，以期得到对方的理解或认同。特别是，当我们有明确的意图想让对方接受，并促成对方按照我们的意图来行事时，这一过程就是我们平时所说的"说服和影响"过程，即"意义给赋"的过程。因为，几乎每一个人对情境的认知都是基于自己以往的经验和知识，所以才会出现不同的人对同一情境可能会形成千差万别的理解，这时，要想让他人接受我们的观点就必须重新组织语言信息，使其成为一种对方可能接受的"意义"信息传递出去并促成其的认可，进而实现我们所期望的影响对方行为或对方观念发生转变的目的。下面，我们一起来看案例2-1。

📝 案例2-1：不同意义诠释方式所产生的不同结果

古时，有一位国王做了一个梦，他梦见自己的牙齿掉了，希望找人来给他解释一下，这个梦对他而言意味着什么。

国王让人请来第一位释梦者，问他："我梦到自己牙掉了，这意味着什么？"第一位释梦者一听，对国王说："这不是一个好梦。你梦见自己牙齿掉了，意味着您的家人都要先于您而亡去。"国王一听非常不高兴，这个梦太晦气了，连忙让下人把这位释梦者拉下去廷杖一顿。

国王又让人请来第二位释梦者，请他解释："我梦到自己牙掉了，这个梦怎么样？"第二位释梦者乖巧地说："国王，这是一个好梦。你梦见自己牙齿掉了，这意味着您比您的家人活的时间都长。"国王一听笑逐颜开，命下人为此释梦者奖励绫罗绸缎。

（资料来源：根据相关资料整理而成）

如果我们理性地分析这两位释梦者所说的话：第一位强调"国王的家人先于国王而亡去"，是用"死"来框定这个事件；而第二位则强调"国王比其家人活的时间都长"，是用"生"来框定此事件。用"死"框定给赋的意义是"失去亲人"，而用"生"框定给赋的意义则是"自己能长寿"，如此，国王对梦见"自己牙齿掉了"的理解不一样，当然行为反应也就不同了。

一、理解何为"意义给赋"

所谓的意义给赋，就是指通过一定的干预措施来赋予情境特定的意义，从而影响当事人对现实的理解朝着影响者所期望的方向发展（罗宾斯和贾奇，2012；Bartunek et al.，1999）。

"人对于现实的理解"并不完全是客观现实的真实写照，而是较为主观的，而且这种理解还会形成一种比较确信的看法，即我们所说的"信念"。在现实生活中，人们受这一信念的指导，对于不同的情境会做出相应的行为反应。例如，对于自己所从事的一项高难度的挑战性任务，既可以将其理解为"有挑战"，也可以将其理解为"难为人"，对于这个工作任务不同的理解所形成的观念（我们在本书中统一称为"信念"，它是指一个人坚信某种观点的正确性，并以其支配自己行为的个性倾向），就会让人表现出，或是勇于接受挑战，或是被动地疲于应付。

积极的或更高水平的理解有助于让当事人打破自己的认知阈限，若当事人能认同一种新的意义主张，就会改变自己对事件的核心信念，从而改变自己的行为。例如，如果有一项简单工作，但较为琐碎、枯燥，此时若领导对其进行意义给赋，如更有使命感或价值感，让当事人认识到这项工作是为了更宏大的意义而为之，那么当事人受这种更深远的意义所影响，就有可能表现出领导所期望的行为，这就是我们所说的意义给赋。我们来看一个具体的案例（案例2-2）。

案例 2-2：保洁工作也是健身运动

一位医院的后勤管理员，在医院负责保洁员的管理工作。这家医院的保洁员，基本都是女工，年龄平均在 40 岁。她们每天当班时需要从事打扫卫生、清理垃圾、换洗被褥等体力劳动。她们每天都干得特别辛苦，许多保洁员向这位主管抱怨说："感觉自己没有自由，整天像牛马一样做着单调乏味的体力活。"

于是，这位主管考虑到这些人基本人到中年，身体每况愈下，许多人都有爱美心理，但因为工作繁忙，几乎没有机会抽时间去锻炼。因此，每次开会时这位主管都会告诉她们："你们就把自己每天上班时间所干的活当成自我健身的过程，这比那些久坐办公室的人的工作好多了，你们干了活，健了身，还攒了钱，岂不是两全其美的事。"结果是，这些保洁员的工作状态较之前发生了很大变化，都更加积极主动地干活了，并且两三个月之后，她们中许多人都减重了几斤，而且身体状况也越来越好了。

（资料来源：根据相关资料整理而成）

　　从这个案例我们可以看到，一份简单的保洁工作，当被赋予"健身锻炼"的意义后，就不再被认为是一种"苦差使"，而是一种集健身与工作于一体的活动，这样就使得保洁工作对其个人来说具有了特殊的意义，此时保洁工作不仅能带来工资收入，而且可以锻炼身体。

　　从定义来看，我们之所以要重视意义给赋，就在于它并不是一般的用于日常沟通的影响说服技术。它不是针对人的情感或理性的其中任何一方，而是通过针对支撑人们行为背后核心信念的改变来进行影响干预的。

　　在工作与生活中，越是复杂的、困难的影响沟通情境，如沟通对象表现得越发固执己见、沟通对象越发强势、双方对立关系越尖锐、沟通情境越危急紧迫等，意义给赋的沟通影响效果可能就越好。其原因就在于：在复杂困难的沟通情境下，沟通对象处于混沌或强烈偏执的状态，其原有信念已自成一套逻辑体系，比如，一位事业发展不顺利的人就特别容易把自己遇到的所有不如意，理解为没有任何前途和希望，此时我们若想让其鼓起勇气、积极进取是非常困难的，也是很难通过简单的理性分析去实现沟通影响的，而必须赋予情境全新的意义才有可能把当事人引导出自我固着思维狭隘的窠臼。

　　正如结构主义人类学家列维-斯特劳斯认为，人是"意指性生物"（signifying creature），当人用名称称呼一个事物时，就是把它置于一个连接系统之中，是通过系统的内在关系来确定它的意义（列维-斯特劳斯，2006）。因此，我们所说的"概念之意义"并不是来自对象本身，其只是作为一个参照，意义是由它所在系统中的结构地位来决定的。我们具体以一个情境来举例说明，正如图2-1所示，在处于一种复杂困难的处境时，当事人对情境的理解会形成一个固着的信念。例如，一位职场人士定义自己的工作是"成长机会"，他对当下复杂困难处境有着自己的理解。这种理解是基于他相信，通过解决问题可以提升能力，通过逆境可以磨炼心智，这些都是实现成功前所必需的经历和磨炼。此时他就会备受鼓舞，这时其行为倾向就是积极应对，不断寻找突破契机。但是，如果这位职场人士定义自己"很失败"时，他对当下处境的所有解读都是相对于其他的成功个体、自我不成功事件的参照比对而生成的，此时他就会受负面信念的支配，觉得受打击，认为一切都没有希望了，自己再也比不过别人了，他就很难从这种信念中解脱出来，这时其行为倾向也更多的是消极沉沦。

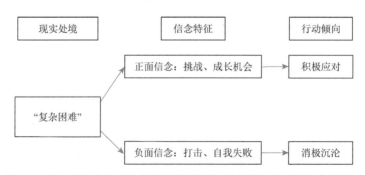

图2-1　应对"复杂困难"任务情境的不同信念特征对行为倾向的影响

当人们处于复杂困境中时，只有对其进行意义给赋，也就是引导其看到当下困难处境中不同寻常的意义，个体才会看到更多可能的希望，从而发生实质性的改变，这种新的意义发起强烈冲击，逐渐替代了个体原有的思想信念。下面，我们来看一个真实的案例（案例2-3）。

案例2-3：师父如何指导搏击高手走出迷茫

一位搏击高手参加比赛，本以为自己一定可以夺得冠军，却不料在最后的赛场上，遇到了一个实力相当的对手。双方皆竭尽全力出招攻击，这位搏击高手发现，自己竟然找不到对方招式中的破绽，而对方的攻击却能突破自己的防守。最后，他输得一败涂地。

他非常沮丧，觉得天地不公，他那么努力地训练却赢不了比赛，最终自己与冠军失之交臂。他怀着低落的心情去找自己的师父，并一招一式地将对方和他对打的过程再次演练给师父看，希望得到师父的指点。

他的师父笑而不语，在地上画了一条线，让他在不擦掉这条线的前提下，设法将这条线变短。这位搏击高手苦思不解，最后还是放弃思考，转而请教自己的师父。

师父在原先那条线的旁边，又画了一条更长的线，两者相较之下，原先的那条线看起来变得短了许多。

师父开口说："夺得冠军的重点，不在于如何攻击对方的弱点。正如地上的长短线一样，只要你自己变得更强，对方正如原先的那条线一般，也就在无形中变得较弱了。如何使自己更强，才是你需要苦练的。"师父的话让这位搏击高手恍然大悟。

（资料来源：根据相关资料整理而成）

这个案例中，我们要学习这位师父是如何引导搏击高手在比赛失利后重新认识情境的。师父通过在地上画更长的线以及对这一情境的诠释，来引导搏击高手重新理解当时失败的关键制约要素，让他意识到：想要获胜的关键不是去找寻对方的破绽，而是去使自己变得更强大。

在人际互动中，要想影响其他人，就一定要重视向当事人所传递的意义。影响者在受到当事人尊重和信赖的前提下，一定要有自己对情境问题的独到见解，其对情境诠释的"意义"会影响当事人对于该情境的理解，从而可能会改变当事人对情境原有的信念，一旦新的"意义"被接受或认同，新的信念就会产生自发指导行为的作用，也就会使影响对象自发地表现出影响者所期待的行为，这种力量具有神奇的效果。

二、意义给赋的构成要素

如果把意义给赋视为一个人与人之间的沟通影响过程，那么，意义给赋的核心要素包括沟通影响中的主体语言、非语言及情境。

第一要素是语言，它是指主体"说什么话""用什么语词"，文字的选择在一定程度上可以反映出沟通主体的立场定位和价值诉求。使用专有的语言符号系统是人类区别于其他动物的主要特征，人们对语言的使用会形成如卡尼曼等所说的"框架效应"（framing effect），即语言的不同组合方式，会形成截然不同的意义（卡尼曼，2012）。比如，有研究发现，一位医生向癌症患者解释化疗方案时说"有95%的死亡概率"和"有5%的存活概率"，虽然这两种表达方式的实质内容一样，但患者接受治疗方案的程度却是不一样的，患者更容易接受使用"存活率"表达的治疗方案。其实，这就是人类语言的神奇之处，同样的意思，不一样的表达，人们接受的程度是不一样的。俗语说：话有三说，巧说为妙。如何通过语言去影响其他人，这无疑是意义给赋的一个关键要素，本书后续部分将会专门介绍意义给赋的语言策略。

第二要素是非语言，它是指形成解释语言文本的框架，人们会根据对方说话时的面部表情、肢体动作、音色与音调等形成对语言文字特殊性的理解。当一位暴跳如雷的妈妈在教训孩子时，虽然她是出于爱意，也许她说的是金玉良言，但她暴怒时恨铁不成钢的神态，即其非语言所传递的愤怒和厌恶已经压过了所有语言本来具有的温暖和鼓励的意思，这时无论怎样的好意，想让孩子接受都是非常困难的，更谈不上影响孩子了。所以，非语言可以强化或削弱语言本身的表达效果，甚至可以使语言原本的意思发生根本性逆转，这也说明我们在进行意义给赋时非语言是一个需要引起重视的关键要素。

第三要素是情境，不同的情境也有不同的作用，如沟通主体是在一个接纳与包容的友好情境中，还是在一个反对与排斥的敌对情境中。同时，沟通中的时间、空间以及氛围的营造对于沟通结果也会产生重要的影响。

我们来看这样一种情境，从中体会一下意义给赋三要素是如何发挥它们各自的作用的。试问在职场中打拼几年的你，一定会有类似这样的经历：领导生气了，你知道他在气头上，且执意要干一件非常荒唐的事情，你明知他做这件事情不对，但他已暴跳如雷，你会怎么劝阻他呢？这里，我们通过一则历史故事来感受一下意义给赋在实践中的应用（案例2-4）。

📝 案例2-4：晏子说服齐景公不杀没犯死罪之人

当时，有一个人得罪了齐景公，齐景公大发脾气，将其抓来绑在殿下，要把他肢解。同时，齐景公还下命令，谁都不可以谏阻这件事，若是有人谏阻，便会受到同样的处罚。晏子明知齐景公不对，可又该如何行事？

晏子听了以后，把袖子一卷，装得很凶的样子，拿起刀来，把那个人的头发揪住，一边在鞋底磨刀，做出一副要亲自动手杀掉此人，为君主泄愤的样子。然后慢慢地仰起头来，向坐在上面发脾气的景公说道："我看了半天，很难下手，好像历史上记载尧、舜、禹、汤、文王等这些明王圣主，要肢解杀人时，没有说明应该先砍哪一部分才对。请问对此人应该先从哪里砍起，才能做到像尧、舜一样地杀得好？"

齐景公听了晏子的话，立刻警觉，自己如果要做一个明王圣主，又怎么可以用如此残酷的方法杀人呢！所以对晏子说："好了！放掉他，我错了！"

（资料来源：根据相关资料整理而成）

从这则故事我们可以看到，当上司在气头上时，想要说服他改变主意并不是一件容易的事，但这里晏子用几句话就实现了说服影响目的，这并不是一般人能够轻易做到的。品读这一经典的影响说服故事，我们发现，晏子的说服影响过程非常有特点。

一方面，他不是用逻辑讲道理的方式劝说齐景公，而是先顺着齐景公的意思，同时通过自己的非语言举动让他人看到其为景公效命的诚意，他摆出一副想"杀掉此人，为君主泄愤的样子"，磨刀霍霍，还"揪住"头发往地上按，这些非语言的表达方式是一个很好的铺垫过程，旨在让景公泄愤；另一方面，他装出一种不置可否的样子，还引出明君圣主来请示景公：如何杀才能做得好？如此让景公通过与自己仰慕的明君圣主的比对，意识到自己方才自负武断的狭隘，最终实现让景公改变杀人的念头。在这里，我们所说的"意义给赋"就如同晏子通过自己的语言与非语言方式说服影响齐景公，将其在气头之上"要杀掉此人以解气"的想法，转变为"明王圣主都不会这样做"的新想法。

可以说，在大多数成功的意义给赋案例中，语言、非语言和情境三方面都呈现出一种配合与协同的状态，并有效地运用这些要素以实现意义给赋的目的。

三、意义给赋的特点

意义给赋并不是一种简单的沟通说服方式，而是一种人际影响方式，与常见的一些沟通技巧观点进行比对，我们认为意义给赋的特点主要表现在以下方面。

首先，意义给赋揭示了人际交往与影响的基本规律。有学者认为，沟通是一种意义的理解和传递，如图 2-2 所示。我们并不只关注沟通主体所使用的沟通工具是语言还是非语言，更重视一种在"语言——非语言——情境"之间营造表达的意义主张。

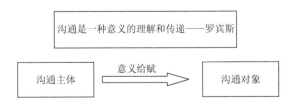

图 2-2 沟通影响的基本过程

在沟通过程中，需要考虑影响对象的感受性，但若想取得我们所期望沟通的效果，其关键在于我们所能赋予的"意义"，而不单纯是为了简单地让对方感受好而沟通的。因此，意义给赋有利于我们"跳出沟通来看沟通"，而不是局限在沟通主客体之间仅针对被影响者感受性的关照。感受性一般是接纳新观点的前提，感觉好时容易接受，感觉不好时则会排斥，但其关键还是在于所传递的核心信念中蕴含的"意义"本身的价值是不是被认可或接受。

在现实生活中，有许多情境需要我们去影响当事人让其放弃固有想法，转而接受新的思想，如领导说服员工去挑战高难度目标，妈妈劝导叛逆期的孩子等。生活中只要是有人与人交流的地方，就会有主导方希望影响对方，而要把自己对情境的理解所生成的意义赋予被影响者一方，并让对方理解或认同，却并非易事。人们所有的信念都是由语言框架构成的，而语言框架就如同我们的摄像机一样，变换视角就可以变换我们可观赏的景致，如此，我们转换语言框架就是我们改变对方信念的契机。实践中，我们正是通过转换语言框架（以下称为语言换框）促使给赋的意义发生变化，进而带动对方行为的改变。

其次，意义给赋不同于一般的强调改变说服技巧和策略的视角，它从影响主体出发来强调对沟通影响对象所立意的独特性与有效性。现有的一些说服与沟通理论，主要反映了人际交往的技巧和策略，帮助人们理解在沟通中应该从沟通影响对象的感受性来考虑其的接受意愿，主张以更容易让沟通影响对象接受的方式与其进行对话。而意义给赋则认为人际沟通的根本在于：人与人之间的沟通影响，并不是依赖于简单的话语技巧与策略，更重要的是在沟通之前就在大脑中规划组织信息的意图目标、价值定位和语言组织方式等。正是这些主体所诠释的意义的独特性，对沟通对象产生了强烈的影响。

意义给赋，并不是单纯看影响者所采用的那些简单的表扬或批评的沟通方式，而是看影响者赋予影响对象何种意义：是一种正向的引导，还是一种负向的打击。因为，我们在日常的沟通中可以用"表扬"，但若这种"表扬"没有让其发挥应有的作用，而是助长了被影响者的傲慢或自以为是的嚣张气焰，就会起到适得其反的作用；当然，我们也可以用"批评"，但原本是想让被影响者认识到问题所在，以后不再犯类似错误，却因伤害了被影响者的自尊心，让其产生了破罐子破摔的心理，没有丝毫悔改的动力。所以，意义给赋不仅关注影响者的沟通影响方式，更关注影响者到底给赋了沟通对象一种什么样的"意义"。

最后，意义给赋体现着沟通中双方思维方式的差异。提及沟通，人们一般想到的是语言或非语言符号系统应用的不同，但意义给赋更强调表达形式之外的个体思维方式的差异。下面，我们一起来看案例2-5。

📝 案例 2-5：阿里巴巴 CEO 当年创业时激励员工的讲话

阿里巴巴刚成立时，马云在杭州湖畔花园的家中，曾慷慨陈词："从现在起，我们要做一件伟大的事，我们的 B2B 将为互联网服务模式带来一次革命！你们现在可以出去找工作，可以一个月拿 3500 元的工资，但是 3 年后你还要去为这样的收入找工作。而我们现在每个月只拿 500 元的工资，一旦我们的公司成功，就可以永远不为薪酬担心了。"

（资料来源：根据相关资料整理而成）

这是一则较有代表性的意义给赋案例，马云试图说服员工不要太在意眼前的工资，而要把眼光放长远，但他没有说："我们现在没钱，大家忍耐坚持 3 年，后面我们就会好的。"在这里，他首先强调要做"一次革命"，强调的是一种希望和一种对未来坚定的信心，这是一个很好的意境铺垫；进而，马云才提出赚这份工作的 500 元，与赚其他一般工作的 3500 元在未来的差距，虽然现在数额方面有差距，但未来收益的预期不一样，借此来增强员工对未来的信心以及坚持干下去的决心。由此，我们不仅看到了马云的沟通特色，更看到了他通过拉长时间轴来让员工看到未来收益的思路。

第二节　意义给赋的功能

意义给赋有着广泛的适用范围。几乎在任何我们试图去改变他人行为的情境中，意义给赋都能派上用场。意义给赋就是从沟通影响主体视角来重新赋意的语言建构过程，它并不是单纯考虑沟通客体感受性的一种技巧策略，而是通过影响沟通客体的思维，从而改变其自身收益评价标准，进而达成影响其行为方式的目的。

按照迪尔茨的观点，这些原有信念中所反映的评价标准通常涉及三个方面，即价值、能力、希望（或者说条件）。例如，当我们想让他人去做一件事时，这个人是否会按照我们说的做，主要取决于他如何判断要做的事是否有价值、自己是否有能力做到、情境条件是否允许以及是否有实现的可能性等状态，当这些状态都具备时，他可能就会愿意去做，若这些状态有一个或两个不符合，他一般会选择保持原地不动（迪尔茨，2016）。

在图 2-3 中，这里的"价值"判断与人的内在动力相关，它是对做某件事情的回报程度的评判，即当事人考虑的是值不值得自己投入时间和精力去做某事。若个人觉得做某事有价值，就会有意愿做；若是认为做某事不值得，则会不愿意做。当然，价值判断是与人的意愿相联系的，这应该也是个人产生内在动力的源泉。

"能力"是对个人是否能完成某件事情的自我能力的判断。当事人觉得自己有能力完成时，就会跃跃欲试；当事人觉得自己没有能力完成时，则会由于缺乏自信心而打退堂鼓。

"希望"是指当事人对做一件事的外界条件所具备可能性的评价和判断。当事人觉得做某事是具备外部条件、有希望完成的，才会产生完成此事的信念。总之，只有在被影响者认为具备条件、自己有信心且有意愿时，才会乐于做某事，从而做出影响者所期望的改变。

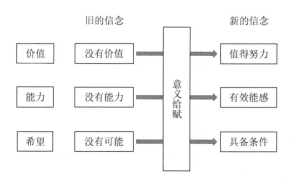

图 2-3　从旧的信念到新的信念意义给赋的作用点

德国社会学家、哲学家马克斯·韦伯说："人是悬挂在由他们自己编织的意义之网上的动物。"（赫拉利，2017）在行为学上，人作为群体动物，具有高度的群体性。宏观来讲，每个单独的个体从出生到死亡，其生存方式往往都按照一种现有的程序化方式运行，即自行遵循所谓的社会模式运转。事实上，人与人之间的区别是显而易见的。因此，在微观层面上，不同的个体赋予自己、赋予生活、赋予世界的一切以不同的意义，这种不同的意义所编织起来的网最终成就了个体之间的差异性。影响者通过对被影响者原有限制性信念的干预，赋予事情价值、赋予个人能力、赋予情境条件。具体来看，意义给赋的功能主要表现在以下几个方面。

一、赋予价值

在一些情境下，人们之所以不愿意去做某事，主要是因为自我认定做这件事情没有价值，而缺乏相应的内在动力。但事物的价值评判并不是绝对的，这主要取决于当事人的评判标准。当然，评判一件事是否有价值，取决于个体认知关注点的差异，这其实也与个体潜在的目标导向相关。许多时候，对于一件事情的价值评判主要取决于当事人"在意什么"。大千世界中，每个人的价值认知可能会有较大的差别，例如，有人为金钱就能铤而走险，有人为道义愿意付出很多等，所以，在意义给赋时，只有让当事人看到事件的特殊价值，才可能转变其原有的核心信念，从而给事件带来新的可能性。

二、赋予能力

个体的能力是有阈限的，它与自我的过往成功经历有关。这涉及两个方面：一是外在的目标高度；二是内在的自信水平。这里还存在两个主观的东西，一是对自我能力的认知，二是自信心水平。因此，如何让对方在面对未曾经历过的高难度目标任务时，感觉其有能力来实现目标，就是一个关键的意义给赋情境。下面，我们来看一个例子（案例 2-6）。

✐☰ **案例 2-6:前辈如何让女歌手安心登台?**

> 曾经有一位女歌手,第一次在大型节目上登台演出,内心十分紧张。想到自己马上就要上场,面对上千名观众,她的手心都在冒汗:要是在舞台上一紧张,忘了歌词怎么办?她越想心跳得越快,甚至产生了打退堂鼓的念头。
>
> 就在这时,一位前辈笑着走过来,随手将一个纸卷塞到她的手里,轻声说道:这里面写着你要唱的歌词,如果你在台上忘了词,就打开看看。女歌手握着这张纸条,像握着一根救命的稻草,匆匆上了台。
>
> 也许是有那个纸卷握在手心,她的心里踏实了许多。她在台上发挥得相当好,完全没有失常。
>
> 结束后,女歌手高兴地走下舞台,向那位前辈致谢。前辈却笑着说,是你自己战胜了自己,找回了自信。其实,我给你的,是一张白纸,上面根本没有写什么歌词!女歌手把纸卷打开发现的确上面什么也没有写。

(资料来源:根据相关资料整理而成)

在这个例子中,我们看到,对于这位从未参加过大型演出的女歌手来说,这次登台无疑是一个高挑战性的目标,她由于缺乏经验而对自己产生怀疑。前辈通过临时塞给她一个号称是写着歌词的纸卷,让她登台,从而使女歌手放下"怕自己忘歌词"的担忧,镇定地完成了表演任务。这种针对当事人不自信时的积极支持行为,就是一个很好的意义给赋过程,前辈用"一个小纸卷"给赋了女歌手有底气登台顺利完成表演任务的信心和力量。

三、赋予希望

当我们准备去做一件事时,可能会不由自主地审视做成这件事可能需要的外部情境,看其所预设的条件是否具备,也就是个体会自主评判外部条件是否蕴含着足够的实现理想目标的"希望"。如果外部具备相应的条件,个体就会感觉有希望,但当个体认为外部条件不具备时,就可能会打退堂鼓。

但外部情境是否具备实现目标的可能,并不是一个客观的条件,而是与当事人对情境中的竞争态势、可供利用的资源、可能的阻碍因素、潜在的风险等的认知和评判有关。要想做某事,就必须让当事人看到实现目标的条件是具备的,有了这种希望,有助于让当事人具体着手落实行动以实现目标。下面,我们来看一个例子(案例2-7)。

✐☰ **案例 2-7:曹操用"望梅止渴"提振部队行军的士气**

> 时值盛夏,曹操亲率部队远征。
>
> 军队出发几个小时后,由于天气炎热,许多士兵出现严重的脱水、中暑等症状,所以行军速度减慢。

曹操看到此番情景后，心生一计。他挥动马鞭跑到部队的前面，告诉士兵，这条路他走过，绕过前面的山丘就有一大片梅林，很快就能吃到酸甜的梅子。士兵一听，精神大振，立即加快了行军速度。最后部队顺利赶到了目的地。

（资料来源：根据"望梅止渴"成语故事整理而成）

从这个案例我们可以看到，在士兵出现口渴难耐的情况下，如果只是简单地要求士兵加快行军速度，则很难激励士兵付诸行动。曹操考虑到外部条件炎热缺水的恶劣状态，他重新注解了情境，即设定了一个士兵都在意的新目标，用不远处有梅林来诱导大家加快行军速度。这就通过描绘一个不在眼前的事物，给士兵们创造一个对即将能吃到梅子的希望，从而激发士兵强烈的愿望，催生大家快速前进的行军动力。

外部资源条件是否充足并不是一个完全客观的东西，它与人们看待现有的资源和条件的方式有关。我们常说"思路决定出路"就是这个意思，看似没有希望的事情，但如果换一个角度思考，可能会得出完全不同的结论。下面，我们来看一个例子（案例2-8）。

案例2-8：学习应该从哪一科开始？

在电影《银河补习班》中，当儿子很困惑地问爸爸："可我成绩提高应该从哪科开始呢？我全科都很差。"爸爸拿过儿子的书包，把课本都挑了出来，然后把课外辅读、课外练习册、习题辅导、优秀作文选统统拿出来。然后，爸爸拿过一把尺子，量了全部课本累计起来的高度，给儿子打气说："看看，（这些课本）才11厘米高，到考试前，每天（学习）0.1厘米，我的天才儿子，能做到吗？"儿子看到0.1厘米，马上觉得这点算什么，于是其内心的火焰瞬间被点燃。在那一刻儿子的内心觉得："爸爸看我那种崇拜的眼神，让我误以为我就是少年霍金本人！人生第一次，我有了想学习的冲动。"

（资料来源：根据《银河补习班》电影剧情整理而成）

从该案例我们可以看到，爸爸对儿子从哪科开始学习的困惑，给出了自己独特的注解方式，"每天（学习）0.1厘米"的明确目标让儿子对本来无从着手的难题瞬间获得启发。在人与人互动的过程中，沟通主体对沟通客体的影响之一就是让对方看到新的可能性。特别是当客体感到迷茫或困顿时，沟通主体以其对情境独特的诠释让对方看到了努力的方向。

第三节　意义给赋的作用机制

一、人对"意义"永恒的追求

意义是人对自然或社会事物的认识，是人给对象事物赋予的含义，是人类以符号形式传递或交流的精神内容。意义是指语言、文字或其他信号所表示的内容。

人是追求意义的动物，人无法忍受无意义的生活。人的存在与其他存在物的区别就在于：人不仅存在着，而且不断追求存在的意义。人是通过对存在意义的感知来感知自我的存在的。正如阿德勒在《生命对你意味着什么》中所说的："无人能脱离意义。我们是通过我们赋予现实的意义来感受现实的。"

"意义"，在人生哲学中是指一个关系的范畴。这里的"关系"具有鲜明的多元性特征，其中人与自然、人与人、人与社会是其基本关系。在以上诸种关系中，所谓"意义"，实质上是指彼此依存、相互影响的性质及其程度。人对事物的态度及可支配的程度不是由人的动物本能所决定的，而是取决于人对该事物之意义的理解。下面，我们来看一个例子（案例 2-9）。

📝 案例 2-9："虽然你犯了罪，但千万不要认为自己是罪犯"

英国的布拉姆曾讲过一个故事：他对他的一个囚犯朋友说，虽然你犯了罪，但千万不要认为自己是罪犯。因为一旦自己都认为自己是罪犯，你就真成罪犯了。事实往往也是如此。

之后，他问他监狱中的那位朋友：你犯罪的那天还做了什么事？犯罪那一年的其他时间做了什么？没有犯罪的年月都做了些什么？可以这样比喻，我们每个人都是一面砖墙，除了犯罪那块砖，我们的生命里还有很多其他的砖。实际上，好砖总比坏砖要多许多。那么，请回答我，你是一面应该被拆掉的残破的墙，还是像我们其他人一样，只是有一两块坏砖的好墙。

几个月后，一名狱警打电话告诉他，他的那个朋友已经服完刑出狱了。

（资料来源：根据相关故事资料整理而成）

这个故事中，布拉姆在看望自己狱中的朋友时，通过一连串的问题让朋友重新定义对"罪犯"一词的理解。布拉姆巧妙地通过"砖墙"的比喻，让他的朋友意识到自己不是"一面应该被拆掉的残破的墙"，而是"只是有一两块坏砖的好墙"。

人对意义的追求，不仅体现在人的理解活动中，而且体现在人的物质活动中。从表面看，人的活动好像与动物一样，都在同各种各样的物质打交道，然而，两者有本质的不同。正因为人的活动是一种追求意义、创造意义的过程，所以，如果离开人与意义的关系，单纯用物理的、动物的存在方式来看待人，就无法全面理解人的活动。

人的生存与一般动物生存的不同之处就在于，人并非单纯地满足于活着，人总是利用活着这个前提，创造出与单纯地活着不同的东西。正如秦光涛在《意义世界》中给出这样的比喻：人活着，就像拥有一定数量的颜料或墨汁，而生活就是要利用这些材料去进行艺术创作。当生命的颜料耗尽之时，只有那些有意义的画面才是图画，无意义的画面则仍不过是一堆颜料而已（秦光涛，1998）。正如心理学家维克多·弗兰克尔所写的那样："任何一个人最伟大的任务就是寻找他生活中的意义所在。"（弗兰克尔，2018）有研究表明，生活的有意义和有目的有助于增强人生的幸福感和满足感，有助于提高人的精神和身体健康的程度，还有助于降低患抑郁症的风险。

从这个意义上说，人活着之所以一定要寻求意义、创造意义，并不一定是世界上真有什么东西逼迫着人们去追求，去创造，而是如果不这样做，人可能无法有价值地活下去。正如有学者认为，组织中储存着巨大的能量和承诺，并将通过营造"为人的意义"（meaning for people）来释放，这无疑在强调一个事实，即人们强烈地追求生活的意义，并会为那些为其提供意义的组织心甘情愿地做出牺牲（尚玉钒和马娇，2011）。人要活得有意义，就是要通过活的过程，创造出某种比活着更伟大、更崇高的东西。

在人的生活中，几乎每种东西都可以作为一种意义的载体出现在世人面前。这种东西对人究竟意味着什么，能否使人快乐，值不值得去追求，都取决于一个人对生活意义的理解。人们会主动探寻生命的意义，这不仅表现在对人生意义的追求，还表现在对工作意义的探寻，抑或对某个具体事件意义的认知。下面，我们来看一个具体的情境（案例 2-10）。

案例 2-10：孩子是只因失误做了错事，还是天生是一个笨孩子？

在一家超市的收银台前，一个五六岁的男孩不小心碰掉了一盒牛奶，盒子摔破了，牛奶洒得满地都是。这个孩子的母亲生气地说："你真是一个笨孩子。"

另一个男孩，他不小心碰掉了一盒蜂蜜，盒子也摔破了，蜂蜜洒得满地都是。"你做了一件笨事情。"孩子的母亲如是说。

（资料来源：根据相关故事资料整理而成）

这个情境，孩子在做错了一件小事时，母亲随口给予孩子的反馈，但两种不一样的反馈，向两个孩子传递的"意义"却是截然不同的。第一位母亲把孩子的失误归为孩子的特质，其实是对孩子能力的否定，若孩子接受了这一意义，就会对他后续的成长产生极大的消极影响；而第二位母亲把孩子的失误归为一个过失行为，若孩子接受了这一意义，就会使他以后积极改变自己的鲁莽行为。

意义几乎无处不在，不仅人所说出的语言、读到的文字、看到的手势、标注的记号有意义，人们日常生活中的各种事物也具有意义，它们其实都是意义的载体或符号。但意义的重要性是有所不同的，本书所关注的是一些"关键人物"，这里用当事人对影响者的"重视程度"来界定。

二、人用语言勾勒自己的意义世界

意义不是科学规律。科学规律力求客观描述世界"是什么"，而在人类大脑中生成的意义则是人通过自己的认知系统对客观存在内化而形成的一张"世界地图"。

世界是客观存在的，但人的认知过程，如语言归类、内在表象、时间感知等也影响着个体如何去标记这个客观存在的世界。正是人的这种选择性注意过滤了外在的信息，进而赋予其基于个人体验的主观意义。

这里我们来看看不同类型企业家对"利润下降"的解读之差异。

在看到"上个季度利润下降"这样一个客观信息时，企业家会基于不同的理念、价值观和期望等，对同一信息做出不同方式的诠释。

- 一位"批评家式"企业家认为：上个季度利润下降，糟糕透了！我们完了！
- 一位"现实主义"企业家认为：上个季度利润下降，我们曾经度过了一段很困难的时期，能做些什么会让我们"更精简"？
- 一位"梦想家式"企业家认为：上个季度利润下降，这只不过是路上颠簸了一下；我们已经走过了最难的阶段，接下来情况多半会好转的。

我们看到，同样一个客观信息在不同的企业家眼里解读出了不同的意义，这反映出个体认知的主观复杂性。每个人都会基于自己的立场、经验、偏好等去体验并感受外界信息，从而对同样的客观信息生成可能完全不同的主观诠释意义。

本书并未从理论上深入分析这种个体差异的生成机理，只是想提醒大家，这种差异是客观存在的。这给予我们的启示在于：在与人交往时，不要一厢情愿地把自己的观点和想法强加给他人，因为所面临的问题不同，不同的人会有不一样的体验或不一样的理解，即每个人的大脑中所形成的对情境的"意义"解读是存在差异的。这就是我们在沟通中为什么会强调"换位思考"。

三、信念承载着意义支配人的行为

在日常工作与生活中，我们的思维方式总是始于困难问题，而终于对此问题形成一个信念。本质上说，信念是对自身、对他人和对周围世界的评估与判断。

例如，当把"组织目标"与"个人能力"进行关联时，会生成两种不同的信念：一种是积极促进个体去实现目标的信念，我们称之为"鼓舞性的信念"，它有助于指导我们努力去尝试，如"这个目标很有挑战性"，当我们心里内生的是这种想法时，就会竭尽所能去趋近目标；另一种是消极阻碍个体实现目标的信念，我们称之为"限制性的信念"（奎克，2020），它会阻碍我们去进行尝试，如"这个目标是我力所不能及的"，一旦生成这种想法，就会引致所有偏离目标的行为。这也就意味着，每一个信念中都蕴含着或积极或消极的意义，而人的行为正是受到它的支配。

在许多时候，信念承载的意义会支配我们的行为。信念在行为的很多层面都会有自我组织和"自我实现预言"的效应，它会将我们的注意力集中于某个领域，而过滤屏蔽掉其他信息。

另外，我们还要看到，人们主观建构的意义世界具有一个重要的特点，即它是在人的大脑中用语言等文字符号来表达的，即便是画笔勾勒的图画，也需要用文字描述以形成对其的看法。当我们想要表达一个观点、一个评价、一个看法时，大脑中的信念是以特定的"语言"形式存在着的。这就说明，语言是人类的一种重要工具，它承载着特定的意义，能帮助人们表达自我观点，同时在人与人的交往中实现信息传递。事实上，这些语言都可能会凝结生成我们所谓的"意义"。下面，我们一起来看案例2-11。

案例2-11：两个销售员开发市场

有一家鞋厂派了两名销售员去考察市场，他们来到了一个荒岛上，看到这个岛上的人没有一个人穿鞋子，两个人返回后向领导汇报情况。销售员甲说，这个岛上没有一个人穿鞋子，说明市场潜力巨大，我们有机会大有作为。但销售员乙说，这个岛上没有一个人穿鞋子，说明这个市场根本无开发的可能，我们还是放弃这个地方，再去寻找其他有潜力的市场吧。

（资料来源：根据相关资料整理而成）

从这个例子我们可以看到，对于同一个市场，两位销售员在考察之后所形成的基本观点即信念是完全不一样的，他们的注解或乐观或悲观，并会影响到接下来是否采取积极行动开拓市场。

问题的关键在于，当我们用语言来框定出一个信念时，这个信念一般都具有特别意义。而信念一旦形成，就很难改变，它也会给我们的工作和生活带来较大的影响。

正如前文所提及的，由正向的语言所框定的是一种鼓舞性信念，它会呈现积极主动地趋近目标的行为，这是我们所期望的，但也有一些特定的情境，如在有竞争压力的情境下，人们常会表现出一种"限制性信念"，这时人们可能会怀疑自己的能力，或是对自己的资质不自信，抑或把对手想象得过于强大等，这些限制性信念承载的负面"意义"也会影响当事人的行为，此种负面意义一旦生成就会带来很大的阻力。

当我们谈论"让改变发生时"，主要关注的还是将限制性信念如何转化为鼓舞性信念，或至少是要让它产生一些正面的激励作用。

相对于我们想要实现的预期目标，迪尔茨认为，限制性信念就像"思想病毒"（迪尔茨，2016）。当限制性信念成为一种类似"思想病毒"的东西而禁锢人的大脑，它似乎会将人们所有改变的努力变成徒劳的，而现实情境也将成为我们无法超越的"困局"。这样的"困局"，会让当事人觉得自己无论如何努力都没有办法靠近目标。

当我们认识到信念承载的意义强烈支配着人的行为时，我们是否有可能重构、消除或改变限制我们的旧信念，并将旧信念转换成新信念，以挖掘出超越我们当前想象的潜能？如果能够实现，我们又该怎样去做呢？

四、通过赋予新的意义来转换固有信念

信念在人脑中是一个个具体的由语言所框定的看法。语言的不同排列组合，表达着截然不同的意义，这就是迪尔茨所说的"框架"。由于框架能帮助我们进行选择性注意，或标记我们的体验，因此它会极大地影响我们对具体事件解释的意义。

这个框架由两部分组成：一部分是构成框架的内部核心要素，如描述的主题句；另一部分是衬托框架的背景。就像一幅图画，一部分是表达画之主题的内容，另一部分是衬托主题的背景，这两方面的变化都能引起人们对图画理解意义的改变。图2-4展示了通过框架变化赋予新意从而引致改变发生的作用机理。

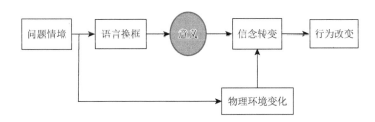

图2-4　通过框架变化赋予新意从而引致改变发生的作用机理图

由此，我们知道意义给赋有两种路径。

第一种是通过转换内部核心要素来影响人们对情境理解之信念，我们将其解释为语言换框，即直接通过转变语言描述的方式，改变个体对情境的认知，从而影响人们对情境理解的信念，进而影响其行为。下面，我们来看一个例子（案例2-12）。

案例2-12："把你的手给我" vs "把我的手给你"

一个守财奴不小心掉到河里，旁边的人看到赶紧去救他。于是，一个人大声疾呼："快，把你的手给我！"守财奴没有反应，不停地在水里呼救，一位了解他的人看到这种情况，就赶忙走上前去，向水里痛苦挣扎的守财奴大喊："快，把我的手给你。"只见那个守财奴迅速从水中伸手抓住那个人的手，于是，被在场的众人七手八脚地给拉上岸来。

（资料来源：根据相关故事资料整理而成）

这虽是一则笑话，但它反映出了这位守财奴的心理。别人让他伸出手来时，他对此认知为自己需要付出，这即是自我的一种损失，所以他不愿意；但当有人说把自己的手给他，让他抓住时，他对此的认知是别人给他一样东西，这对他来说是一种获得，所以

他立即伸出自己的手去抓住对方送上来的手。可见，语言的不同表达方式，在人脑中会产生不同的意义。

第二种是通过改变衬托背景来影响人们对情境理解之信念，它是一种非语言的干预方式。它主要是通过物理变化来实现对人固有信念的干预，如创造新的时空场景，或树立新的行为示范等来间接影响人们对情境的理解，使人们重新认识当下所处的情境，从而达成影响其行为的效果。

需要说明的是，虽然这两种路径的起始点不同，但它们的内在作用机理是一致的。也就是说，虽然一个发端于语言换框，一个发端于物理情境变换，但其内在作用机理都是通过当事人认知的变化来影响其对当下处境的看法，即无论是从内在还是从外围，最终都是通过转变当事人的内在固有信念进而实现影响的效果。

五、意义给赋的"参照系"作用机理

通过前文的分析，我们知道人的固有信念是以语言框架的方式在大脑中存在着的，所以，当影响者想去改变他人的固有信念时，便可以通过改变信念框架的方式，来赋予该信念所指向的情境以新的意义，从而实现对其固有信念的干预。

这里，如何判断所赋予"新的意义"的有效性，就成为一个关键问题。我们认为每一个意义给赋的过程都会提供给当事人一个参照系，依据这个参照系的特性可以判断给赋意义的有效性。"关系论"是以事物之间的相关性和相对性为核心的一种哲学思维模式，而关系的确立，离不开特定的"参照系"。根据辩证唯物主义的基本观点，世界上的一切事物都不是孤立存在的，而是相互联系的。我们也只有在一定的关系体系中，才能把握和理解事物的本质。当参照系发生变化，关系的特征也会发生变化，如事物到底是运动的还是静止的，这本来是一个对立的状态，但在不同的参照系下，可能两种判断都是成立的。下面，我们来看这样一个例子（案例 2-13）。

📝 案例 2-13：国王怎么能屈尊入住农舍？

一个国王和他的朝臣在一次冬季的狩猎中迷了路，走到了一个人迹罕至的地方。夜幕降临之际，他们好不容易才发现一处低矮的农人茅草房。于是，国王说："我们在这儿过夜吧。"但是，有位朝臣却极力反对，他认为尊贵的国王到卑贱的农人家避难有失尊严，还是自己搭帐篷较为妥当。

农人知道了这种情形，直言不讳地说："到寒舍过夜，国王的尊贵不会降低，只是朝臣不希望农人的尊贵提高。"国王觉得农人言之有理，就否定了那位大臣的意见，欣然住进农家茅屋过夜，并在第二天早晨临走时赐给农人一些礼物，并对他的热情接待再三表示感谢。

（资料来源：根据相关故事资料整理而成）

在这里，朝臣对于国王住农舍的框定是"屈尊"，这样理解对于国王来说是一种损失；但农夫把这一情况注解为"国王尊贵不变，而朝臣不想抬高农夫的尊贵"，这样对国王来说非但没有损失，还能体现出一种恩赐，国王当然乐意了。可见，对于事件的框定方式会影响人们对于情境的理解，理解的差异会表现出截然不同的反应。

可见，在人的精神活动中，几乎时刻都有一个评估系统在对人的生命活动进行价值评判。当我们要进行某种价值评判时，就离不开在头脑中所设定的评判标准，而这一评判标准一定存在着一个比较确定的"参照系"，否则我们将无法评估一个事件的价值。其实，这个参照系的存在正是人脑通过核心信念来实现意义给赋的基础。

在特定的意义给赋情境下，当人们想去影响其他人时，一定会先设定一个对于任务情境理解的"框架"，而这个框架中一定蕴含着一种当事人对于事件的价值评价的参照系，也正是这一参照系影响着人们对于情境的认知和理解。

我们曾经做过这样一个小实验（尚玉钒，2010a）。实验的主题是："你去不去春游？"研究被试是21位来自不同企业的MBA班学员。研究任务：我们先向他们呈现实验资料，即"某大学大三年级的两个班长为组织一次春游，向班里同学做动员"的文本描述信息。我们请所有被试看完不同的动员演讲稿后，回答以下几个问题，并写下各自的观点和理由。任务具体要求如下："假如你是班里的一位同学，你听到两种不同的任务陈述，你有何种感受？①两位班长的任务陈述是否存在差异？②差异表现在哪里？③在分别听了两位班长的陈述后，你会不会参加此次春游呢？"

某大学大三年级的两位班长分别准备为班级组织一次春游活动。这两位班长的动员陈述如下，我们将两种陈述的比较分析见表2-1。

第一个班的班长说："经班委商量，准备在班里组织一次春游。现在班费紧张，每位同学需要先交200元钱，我们再来商量一下春游地点。"

第二个班的班长说："今年我们已经大三了，可能明年这个时候大家都忙着找工作，也就是说，这应该是我们大学期间最后一次春游的机会了，所以我们班委商量准备给大家组织一次春游活动。由于班费紧张，每位同学需要交200元钱，我们再来商量一下春游地点。"

表2-1　两位班长在"春游活动"的意义给赋中所提供参照系的比较分析

参照系	第一位班长	第二位班长
关注点	交钱	最后一次春游
评价标准	生活费的减少	同学间的友谊
得与失结果	一种损失	一种获得
被试反应	不参与 可去，可不去 可能参与，看其他同学的反应	会参与，珍惜这次机会

通过对以上被试回答的书面材料的分析，我们发现：①21 位被试都认为两位班长的陈述"有差异"；②根据 21 位被试对以上呈现资料的分析，我们发现这里的"参照系"可以从"关注点""评价标准""得与失结果"三方面进行汇总和比较，从而得到两位班长的陈述差异。

第一位班长在阐述任务时，提供的参照系为：引导人关注"交钱"，这样就使评价标准设定为"生活费的减少"，故这将是一次使个体有"损失"的活动，带来的结果是被试的参与倾向为"不参与""可去，可不去""可能参与，看其他同学的反应"。

第二位班长在阐述活动时，提供的参照系为：引导人关注"最后一次春游"，评价标准为"同学间的友谊"，故这次活动被评价为是对个体友谊的"获得"过程，最终，引发同学们的参与倾向是"会参与，珍惜这次机会"。

综上可知，我们发现沟通主体对任务情境的意义给赋，蕴含着"参照系"的差异，一个完整的"参照系"至少涉及以下几个方面的内容。

（1）关注点。它反映着人的心理上的选择性注意，且会激活人们对于同一处境不同方面的认知。因为在一个现实情境中，人们可以从多个侧面去认知，如积极面和消极面、近期利好点和长期利好点、表面现象和根本问题等。心理学认为，我们的关注点就像阳光，阳光照在哪里，哪里的植物就会茁壮成长。

（2）评价标准。它反映着人们对问题情境的关注点与自身的利害关系的评判。譬如，在组织变革时，若影响者引导员工关注未来发展，员工可能就会考虑自己在变革后将获得何种个人成长或权益；但若影响者引导员工关注自己可能遭受的损失，这时，员工可能会更多关注于自身经济或精神等方面的损耗风险。不同的关注点，蕴含着不同的评价标准。这种利害关系可能本来是同时存在的，而且每个人基于自己的个人偏好、经验、认知特征等会有所不同，但那些限制性信念往往会禁锢个体，使他们看不到更多的可能性。在意义给赋时，影响者就是要通过引致关注点的不同，让被影响者用不同的判断标准去评估其现实处境。

（3）得与失的结果。它是有关在评价标准下对于问题情境的应对会给当事人带来什么样的判断结论。人的本性是趋利避害的，所以在对所引致关注点对自身利益的价值评判后人们得出的"获得"或"损失"的结论，会形成完全不同的信念，进而可能会影响个体的行为。

如是，本书提出了领导对问题情境的意义给赋进而影响下属行为的作用机理，如图 2-5 所示。领导通过文本的描述，给任务情境赋予特定的意义，这个意义给赋蕴含一个新的参照系，它引导着下属对问题情境的关注点、评价标准及得与失结果，进而，这一参照系统引发出下属的截然不同的信念，最终引致下属行为的改变。

通过框架调整人的参照系，从而赋予情境新的意义，这既是转变被影响者固有信念，特别是限制性信念的突破口，也是我们逐渐关注"意义给赋"的原因。

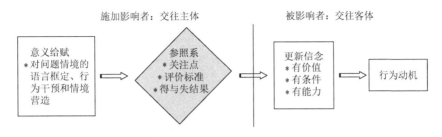

图 2-5　内在作用机理示意图

本 章 小 结

人类不仅是追求金钱的动物，更是追求意义的动物。意义是解读我们体验所产生的自然结果，人们会用语言描述自己对现实的体验，而这个对现实的理解和看法又落脚到人们对现实的信念，而信念在人脑中是一个个具体的由语言所框定的看法。本质上，信念是对我们自己、对他人和对周围世界的评估和判断。所谓的意义给赋，就是指通过一定的干预措施来赋予情境特定的意义，从而影响当事人对现实的理解最终朝着影响者所期望的方向发展。意义给赋的核心要素由三方面组成：第一要素是语言，它是指主体"说什么话""用什么语词"，文字的选择在一定程度上可以反映出沟通主体的立场定位和价值诉求。第二要素是非语言，它是指形成解释语言文本的框架，人们会从说话时的面部表情、肢体动作、音色与音调等形成对语言文字特殊性的理解。第三要素是情境，如沟通主体是在一个接纳与包容的友好情境中，还是在一个反对与排斥的敌对情境中，不同的情境也有不同的作用。

意义给赋并不是一种简单的沟通说服方式，而是一种人际影响方式，其核心功能在于通过转变人们对于某件事所执有的评价标准的原有信念，从而起到转变人们行为的作用。按照迪尔茨的观点，原有信念中所反映的评价标准通常涉及价值、能力、希望等三个方面。通过对原有（限制性）信念的干预，赋予事情价值、赋予个人能力、赋予情境条件，从而使当事人能够有意愿、有干劲地发生转变。

思考与练习

1. 何为"意义给赋"？试谈你是如何理解它的构成要素及特点的。
2. 意义给赋的功能有哪些？在现实工作和生活中应如何运用？
3. 意义给赋的作用机制是怎样的？
4. 结合本章所介绍的意义给赋的作用规律，试谈你在实践中运用意义给赋有何启发。

第二部分 > > >

意义给赋的语言干预

人是悬挂在由他们自己编制的意义之网上的动物。

——马克斯·韦伯

本部分所讨论的情境是：当我们在人际交往中期望影响他人实现改变时，应如何通过信念的载体——"语言"来进行干预影响。它表面来看是语言层面的沟通，但实际上却是思维层面对于信念转变的影响。我们就是通过调整被影响对象固有的限制性信念的语言框定方式，从而解除其固有信念的限制性束缚，以使其信念更灵活和更开放，从而给其行动带来更多的可能性。

本部分主要介绍语言框定的技术。

第三章　意义给赋的语言干预基本原理：语言框定

第一节　框　　定

正如同我们在照相取景时，每个人都会根据自己不同的想法去理解情境，从而得到反映现实的不同景象。比如，同样是"拍泰山日出"，有的人拍的是云海翻滚中的一轮红日，有的人取景苍翠松柏映衬下的旭日朝阳等，其实取景方式就是框定模式，它决定着什么是相关的——"框架内的"，什么是无关的——"框架外的"。面对眼前的景致，你准备如何取景，是取整体还是取局部，将决定着最终形成怎样的照片，这个取景成像的过程就是"框定"。

心理学中有一个词就是"选择性注意"，它是指人的感官在接受外界诸多刺激信息时，一般会注意到某些刺激或刺激的某些方面，而忽略了其他刺激信息。这种经选择性注意过滤后所形成的对于情境的认知理解就是框定。

其实，框定就是人的认知在现实中取景。在图 3-1（a）中，我们看到一条小鱼在自由自在地畅游。但在图 3-1（b）中，我们看到小鱼背后游来一条大鱼，此时马上就会意识到小鱼正在面临着危险。在图 3-1（c）中，我们看到的是一种竞争的场景。我们马上理解到每一条鱼可能都存在着生存压力，事态的发展其实有很多可能性（迪尔茨，2016）。

(a)　　　　　　　　　　　　(b)

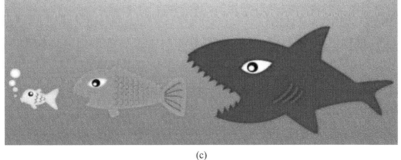

(c)

图 3-1　水中鱼的竞争场景

需要注意的是，我们不可能对现实情境进行完全客观的理解，认知的主观性就决定着每个人的框定方式都有其各自特定的偏好。框定影响着我们对于情境的理解，也就是说，不同的框定会生成不同的意义。

第二节　语言框定

我们所使用的语言，其实也影响着我们的生活。大家可以审视一下自己每天所说的语句更多的是"鲜花句"，还是"杂草句"。一些人会用积极的、美好的词语来描绘自己眼中的世界，这就是所谓的"鲜花句"。但我们必须意识到，正是我们自己所用的词语构成了我们的世界。

人们用语言表达着自己对特定情境的理解，而意义是解读人的体验所产生的自然结果。比如，在组织变革中，人们用"机会"或"威胁"表达自己对当前变革的理解，这也反映出了人们对于组织变革或积极或消极的态度。

现实中，我们所使用的词语不仅描绘了我们的体验，还常常给体验设立框架（迪尔茨，2016）。语言将体验的某些方面置于显著的位置，将其他要素留在背景中，以此来架构体验。也就是说，当我们用不同的词语将想法或体验连接起来时，这些词语会引导我们关注体验的不同侧面。例如，我们来看不同连词的用法，在图3-2中，用"但是"或"虽然"连接两种相同的表达，所形成的体验是截然不同的。在第一个句子中，"我想做出成果，但是我还有一个顾虑"，这种表达方式会让我们更多关注自身还有一个顾虑，而忽略我想做出成果；在第二个句子中，"我想做出成果，虽然我还有一个顾虑"，这种表达会引导我们更多关注前半句的陈述——"我想做出成果"，而把后半句的陈述忽略在背景中。

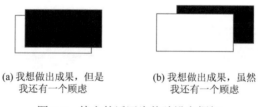

(a) 我想做出成果，但是
我还有一个顾虑
(b) 我想做出成果，虽然
我还有一个顾虑

图 3-2　特定的话语为体验设立框架

语言框定是指，人们选择用不同的语词来表达自我对现实情境的理解，由之对自我体验到的情境赋予特定的意义。这种语言框定既会标记个体体验，也会引导人的注意点，从而影响人们对具体体验与事件的理解和阐释，进而影响人们的后续行为动机。

意义给赋有助于引导人们摆脱自己对于特定情境的思维定式，并通过对情境赋予新的意义，让被影响者看到情境中所蕴含着的更积极、更有利于问题解决、更多可能性的方面。同时，它还有助于使人与人之间的交往和互动更有效率。

几乎每个人对于现实情境的理解都可能是个性化的，而且关于现实的理解，个体之间可能存在立场、认知偏好等的差异，并不存在什么唯一正确的个体认知。在特定的现实情境下，人们会根据自己的世界观所感知到的可能性和能力，进而做出力所能及的最好选择。

在《神奇的结构 1：NLP 语言与治疗的艺术》一书中，理查·班德勒和约翰·葛瑞德就提出，那些最有智慧的内生图景，是指那些能够提供最广阔、最多可能性的，而不是那些最"现实"或"准确"的。根据这一标准，有效地表达情境的语言框定会呈现出一种语言模式。

语言是表层结构，它代表或表达着深层结构的含义。这些超越言词本身的东西就是其所传递的"意义"。为了真正理解和灵活使用语言模式，我们必须分析其内在的深层结构，并提炼出其中的模式。因为那些"模式"是指"当某些结构在不同内容中被同样应用"（迪尔茨，2016）。模式会有不同类别，有正确的模式，也有错误的模式。因此，我们需要识别有效模式的类别、特征，然后才能谈得上娴熟地应用。正如安东尼·罗宾斯所说：如果想要改变自己的人生，就必须谨慎选用字眼，因为只有特定的字眼才能使你振奋、进取和乐观。（罗宾斯，2002）

第三节　语 言 换 框

语言换框，旨在帮助人们改变感知问题的框定方式，从而重新解释问题，最终找到解决方案的更多可能性。从字面上看，换框是指在一些心象或体验周围更换新的或不同的框架。在心理学上，对某事物"换框"意味着将其置于与之前所感知的不同的背景框架或情境下，从而改变其意义。换框可以让个体看到"更大的画面"，从而有可能让个体找到应对现实问题的更合适的选择。

在神经语言程序学（neuro-linguistic programming，NLP）中，换框是为体验或情境设立新的心理框架，拓展人们对情境的认知，让人们更有建设性地处理面临的情境。

迪尔茨曾总结出人们常用的"问题框架"和"结果框架"的差异（迪尔茨，2016），并发现人们从"问题框架"向"结果框架"转化所带来的巨大转变。问题框架强调的是"出了什么问题""为什么会是问题"等，而不是"渴望什么"或"想要什么"，它导致当事人会聚焦于有问题的现状或寻找问题的症结；相比之下，结果框架则让当事人聚焦于希望得到的结果和效果，以及达成结果所需的资源。如此，结果框架聚焦于问题解决，它导向未来的积极可能性。图 3-3 呈现了问题框架与结果框架的不同之处。

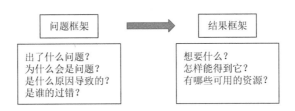

图 3-3　问题框架与结果框架的比较

　　结果框架的应用包括将问题框架陈述进行转换后，重新表达为目标陈述的方式，它将负面言语的描述转换成正面言语。基于迪尔茨的观点，所有问题都可以重新被赋意为挑战，或者赋意为改变、成长、学习的"机会"，如此，所有的"问题"都预示着渴望的结果。一般来说，问题框架可能帮助我们找到问题的症结所在，而只有结果框架才有助于我们走出面前的困境。

　　迪尔茨在《语言的魔力：用语言转变信念的神奇旅程》一书中给出了十几种语言换框的方法，但我们认为其分类逻辑偏杂乱，所以在这里重新梳理归纳为五种主要的意义给赋的语言换框策略和技巧。

本 章 小 结

　　现实中，我们所使用的词语不仅描绘着我们的体验，还常常为体验设立框架。语言框定是指，人们选择用不同的语词来表达自我对现实情境的理解，由之对自我体验到的情境赋予特定的意义。这种语言框定既会标记个体体验，也会引导人的注意点，从而影响人们对具体体验与事件的理解和阐释，进而影响人们的后续行为动机。

　　研究发现，最有智慧的内生图景，是指那些能够提供最广阔、最多可能性的，而不是那些最"现实"或"准确"的，因而，意义给赋就是引导人们摆脱固有的思维定式，通过对情境赋予新的意义，从而让他人看到情境中所蕴含着的更积极，或有利于问题解决，或有更多可能性的方面。

　　语言换框，旨在帮助人们改变感知问题的框定方式，从而重新解释问题，最终找到解决方案的更多可能性。在心理学上，对某事物"换框"意味着将其置于与之前所感知的不同的背景框架或情境下，从而改变其意义。

思 考 与 练 习

　　1. 试述应如何从选择性注意的视角来理解框定。请举例说明该种框定对你的工作和生活的影响。

　　2. 如何理解"我们所使用的词语不仅描绘着我们的体验，还常常为体验设立框架"？并阐述它对我们的工作和生活有什么启示。

　　3. 什么是语言换框？实践中应如何运用语言换框？

　　4. 请比较问题框架与结果框架的差别，并谈谈建构不同的语言框架对现实工作和生活的指导意义。

第四章　意义给赋的语言干预策略：意图换框法

在工作或生活中，我们经常会碰到一些被认为是不利的、消极的、有失误的、不成功的情境。这里有两类主体：一类是我们自己，身处失意或失败的困境，如创业失败、考试没通过、项目没做成等；另一类是被影响对象，如下属工作失误、孩子犯错误等。无论主体是谁，大家在面对这种消极的情境时，常会更多地看到错误或失败的一面，而很少关注那些积极的方面。

但你有没有发现，我们惯常的做法经常产生消极的结果：若是只盯着那些不如意的方面时，我们对自己的"倒霉"认知就会让自己生发很强的挫败感；若我们仅从问题出发对被影响者"进行批评"则会引发对方更多的反抗。可见，这些影响方式很难达成我们期望的改变效果。

在寻求改变时，我们一般会把注意力放在"问题"本身，且常会考虑的是："哪里出了问题？怎样才能解决问题？"而这种围绕问题本身的思维模式就会将我们的精力引导至负面问题的修复上，于是我们会发现困难重重，因为到处都是问题，然后，我们就会患上"分析瘫痪症"，进而得出一些无用的结论，其实这对于解决现实困境几乎毫无帮助。这就是希思兄弟所说的"坏比好强大"，即在许多时候，无论是情绪还是关注点，人们会主要忍不住盯着那些负面的内容。

一位研究人员调查了 17 项关于如何诠释生活事件的案例，如球迷怎样诠释体育赛事、学生怎样在日记里描绘日常的学习生活，从工作、运动到个人生活，无论在哪个领域，人们都会不由自主地提到负面事件（然后试图解释），而不是关注正面事件。这种倾向就会把人的精力带到如何解决问题的死角中，而此时问题只会越解决越多，于是就会陷入"剪不断、理还乱"的状态。

所谓的意图换框法，是指改变对于特定人或事件的观点或认知方式，把人们的注意力从对人或事件的消极负向转向积极正向的立意方面，由之拓展人们对原有人或事件的消极认知阈限，从而形成对人或事件的积极导向作用。本章将根据两类主体情况来详细介绍正面立意换框的具体方法：一是影响者自身处于失败或失意的困境；二是被影响对象处于失误或失败等不利情境。

第一节　影响者自身处于失败或失意的困境

这种情境在现实中经常会碰到，无论是我们自己，还是我们处在的组织单位，都会时而碰到一些并不尽如人意的情境。比如，当我们进行一次变革创新的努力失败之后，人们会倾向于产生自我否定的认知，对自己的能力和信心产生怀疑，此时若能从失败的经验中看到其积极的方面，可能就会有不一样的收获。

这种从"我们失败了"转而到"让我们有机会学习了"的认知转变，就是正面立意换框。这样重新看待情境的正面立意换框，才有利于把我们的失败沮丧的情绪转化为进一步战斗的激情。正面立意换框，就是要将我们的注意力从已被某种判断或总结所定格或暗示的消极结果，转向一个不同的积极结果，以便挑战我们原有信念的适宜性。

几乎任何事情都并非有绝对唯一的情况，我们暂且把看待事情的方式按其结果导向分为"积极/有利"和"消极/不利"两个侧面。在领导考虑组织发展时，任何一项组织管理决策，员工都要既考虑其"有利"的一面，也要分析其"不利"的方面，如进军海外的国际化战略，这种思维方式其实就是用两个不同的假设结果进行比对，看哪一个利大于弊。这种辩证看待问题的方式是我们所鼓励的。

但当人们的思维被一些限制性的信念所禁锢时，人们常常看不到事物的另一面，几乎所有注意力都被吸引到一个固有的方面，从而表现出固执，甚或偏执。特别是在困难、危机等艰难处境中，人们收集自我经验的信息全部倒向消极的一面，此时只有让其认识到"另一种积极正面立意"存在的可能性，才可以使其摆脱深陷于固有泥潭不能自拔的境地。下面，我们一起来看案例4-1。

案例 4-1：罗斯福对于家中被盗后的反应

美国总统罗斯福的家曾经失窃，财物损失严重。朋友闻此消息，就写信安慰他，劝他不必把这件事放在心上。

罗斯福总统很快回信说："亲爱的朋友，谢谢你来信安慰我，我一切都很好。我想我应该感谢上帝，因为：第一，我损失的只是财物，而人却毫发未损；第二，我只损失了部分财物，而非所有财产；第三，最幸运的是，做小偷的是那个人，而不是我……"

（资料来源：根据相关故事资料整理而成）

在这个例子中，我们可以看到，住所被盗绝非一件幸事，但这件事对一家人产生什么样的影响却要看当事人的反应，这里罗斯福总统不是悲观叹气、懊恼抱怨，而是积极看待这次失窃事件中损失"好的方面"，这就是一个典型的正面意图换框法。像罗斯福总统那样，换一个角度去看待生活中的失败和挫折，永远对生活充满感恩，才能时刻保持乐观的心态，这样积极生活才能不断陶冶性情，以完善人格，并保持不断进取的精神。

就正面意图换框法来说，它是基于假定人的行为是受关注倾向指引的。那些特定的消极关注本身就设置了框架，来决定什么被看作相关的、重要的或"框架内的"，什么被认为是无关的、无用的或"框架外的"。在问题情境中，我们不要只纠结于问题，而应该乐观地看待问题，即理解情境中的正面立意，并不断地推广这些积极面，要相信"星星之火，可以燎原"。

当人们头脑中有一种强烈的限制性信念时，就会形成一个固化框架而限制人们的关注点、经验及感受，这时，我们必须跳出这一框架，为自己当下的处境找到一种"正面立意"，其可以赋予事件或情境新的意义，从而有效冲击其他原有的限制性信念，使当事人能接受新的由正面立意引致的框架关注和不同寻常的认知体验，并最终引致当事人自然而然地因信念转变而做出行为改变。

这里，我们要从思维层面来理解人际沟通，并不是单纯思考影响者如何会"说"，而是要思考其如何去"想"，从而找到解决问题的出路。

第二节　被影响对象处于失误或失败等不利情境

我们经常会碰到需要影响他人做出适当改变的情境，比如，下属完成领导交办的工作不到位，顾客对于产品不认同，孩子犯错误而不知悔改等，这时我们总是试图进行沟通以劝说对方改变其原有的行为、观点或思想。这里需要反思的是：我们的劝说是否都是有效的？

现实中，许多出于关心的劝谏、发自肺腑的忠告，或是苦口婆心的劝导并没有实现我们所期望的说服目的，甚至可能还会被称为"批评"。如果你也遇到过类似的困惑，就应该来学习一下"正反立意换框"的技巧。

先来看一下"批评家"的常规做法：在通常的影响说服情境下，当发现对方与我们观点不一致且有不妥之处时，我们惯常的做法是直接指出对方的错误，并把我们的主张和观点强加给对方，但这种影响说服方式最大的问题在于，它势必会带来对方较为强烈的抵触和对抗。

在影响说服他人时，我们不应只看对方错误或不恰当的行为，而是应该深入挖掘对方问题行为背后的正面意图。如图 4-1 所示，若我们在沟通时及时转换视角，从错误行

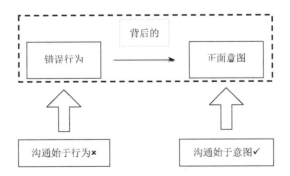

图 4-1　正面意图换框的示意图

为转换到其背后的正面意图，即在说服中始于"正面意图"的沟通，则会产生更积极的效果。只有这种始于正面意图的沟通才有利于双方达成共识，并促进沟通对象观念和行为的真正改变。

意图换框法的内在作用机理在于：一方面，它致力于找出问题行为潜在的、可能的正面意图。其目的包括两个方面，一是行为背后积极的内在动机（如渴望安全、爱、关怀、尊重等），二是考虑在更大的系统或行为所发生的情境下，该行为所能带来的正面利益（如保护、转移注意、获得认可等）。另一方面，在日常人际影响沟通中，我们对"问题行为"的反应赋予对方的是"否定"的意义，而对"问题行为的正面意图"的反应则赋予对方的是"肯定"的意义，所以，人们当然更愿意接受肯定而不愿意承认他人对自己的否定建议。由此，我们可以发现，在更大的认知框架下去认识问题行为想要满足的正面目标，会改变当事人对该问题行为的内在积极感受，这对于推动事情向积极方面发展具有重要的价值。

至此，我们可以将正面立意换框法总结为以下操作流程。

第一步，直面问题行为或情境。

第二步，识别问题情境背后的正面意图。

第三步，针对正面意图，找到可用于陈述的正面框架。

第四步，依据正面框架给出积极反馈。

这里我们可以看到，第一步到第三步是一个影响沟通主体的自我内在思维活动过程，第四步才是外显的行为反应，所以，在人际交往过程中，利用正面立意换框法是对外显的浅层语言之思维深层内隐结构的剖析，这是意义给赋不同于其他沟通技术的独特之处。

现实生活中，许多"批评家"存在的问题是"用否定的方式来说话"，这使他们似乎总是注意负面的东西，倾向于给他人找毛病，原因在于他们太受制于"问题行为"了。当"批评家"针对问题行为进行反馈时，我们是很难从其批评的表面结构里真实感受到正面意图。

那么，评判批评是否具有正向促进作用的一项核心语言技巧，就是识别和引发表达正面意图的正面框架能力。表 4-1 为从问题行为框架到正面意图框架的转换示例。

表 4-1　从问题行为框架转换为正面意图框架

问题行为框架	正面意图框架
太贵了	划算
害怕失败	渴望成功
太过于费力	容易和舒服
不切实际	具体，可以达成

本 章 小 结

　　意图换框法是指，改变对于特定人或事件的观点或认知方式，把人们的注意力从对人或事件的消极负向转向积极正向的立意方面，由之拓展人们对原有人或事件的消极认知阈限，从而形成对人或事件的积极导向作用。本章根据当事人主体特征把其分为两类情况：影响者或被影响对象处于失败或失意的困境。

　　遵循神经语言程式的基本前提假设：所有行为都在某些层面（或某些时候）有正面意图。意图换框法，就是通过找出特定他人问题行为背后的"正面意图"或"正面目标"与当事人进行沟通。在更大的认知框架下去认识问题行为想要满足的正面目标，会改变当事人对该问题行为的内在积极感受，这对于推动事情向积极方面发展会有一定的助益作用。

　　意图换框法的操作遵循以下流程：第一步，直面问题行为或情境。第二步，识别问题情境背后的正面意图。第三步，针对正面意图，找到可用于陈述的正面框架。第四步，依据正面框架给出积极反馈。

思考与练习

　　1. 何为意图换框法？意图换框法适合应用于哪些情境？

　　2. 请结合自身的成功经历，说明影响者自身与被影响对象分别处于不利情境里，应如何运用意图换框法？

　　3. 什么是正面意图框架？它与问题框架有何异同？

　　4. 在工作和生活中应如何运用正面意图框架？

　　5. 请结合自己的工作和生活实际，说明正面意图框架法的运用流程。

第五章　意义给赋的语言干预策略：时空换框法

在现实生活中，我们可能会碰到这样一种情况，当我们面对自认为特别重要的事情时，如面试、比赛、项目谈判等，一旦有什么失误，就觉得无法接受这一结果。但凡事都是一个相对的概念，比如，高考对于经历了十二年寒窗的学子来说非常重要，但如果把它放在一个人终其一生的经历中，可能这场考试就不再那么重要了；一场比赛的输赢对于一位鏖战寒暑的运动员来说非常重要，但如果把它放在生与死的分界点来看，也就变得微不足道了；等等。当人们在面对失败、失利等打击时，就需要通过运用时空换框法来调整人的认知感受性，从而帮助他人走出情绪的低谷。

时空换框法是指，当人们被一个固有的信念所束缚时，通过调整所处情境的信念，来使人重新评估（或强化）原有信念的意义，从而促成个体放弃固有信念的方法。本章从三个方面着手：更长或更短的时间框架、更大的或更小的空间框架、特殊的人或事构成的参照系框架。

时空换框法是通过语言描绘变换认知情境来改变人的认知感受性，以改变他人原有固着的信念。理查德·班德勒认为，人接受所有行为都是依情境而定的（班德勒，2015）。时空情境换框的目标是，帮助他人认识到特定行为在某些情境下的价值，从而改变个体对所处情境的内在负面反应。

与考虑框架的特定结果相比，改变时空框架大小与我们的视野宽度和广度有关。例如，某部电影开始的场景是一个特写：天使般相貌的男孩在用美妙的声音唱歌，画面看上去似乎童贞而美好。但随着镜头拉远，我们看到男孩穿着军装。随后，我们看到他手臂上戴着纳粹标记的袖章。随着框架尺寸变得越来越大，我们最终看到男孩是在一个大型的纳粹集会上唱歌。随着画面的框架大小的变化，当我们看到这个男孩是在为纳粹这种极端残暴的组织而歌唱时，孩子身上原本的"童贞而美好"不见了，取而代之的是对其所代表的纳粹"荼毒生灵"所产生的强烈反感和厌恶，如此，其信息所带来的意义和感受就完全改变了。

我们所关注的框架的大小，决定着我们能够感知到情境的意义的程度，它在有效解决问题上尤为重要。改变框架法是通过情境框架调整来实现的，本章从以下三种情况来介绍：改变时间框架、改变空间框架和改变人群参照系框架。

第一节　改变时间框架

改变时间框架是指，通过转换人们的时间意识来调整个体对当下所经历事件的认知感受，从而达到改变其固有信念的目的。改变时间框架，又可分为拉长时间换框法、缩短时间换框法和平移时间换框法。

一、拉长时间换框法

拉长时间换框法主要是指帮助当事人通过拉长时间轴来弱化其对当下所面临困难的感受。对于当下所面临的困难或痛苦，人们常会觉得好像处于绝境一般，而看不到任何希望，但若是能让当事人拉长时间框架，站在未来再回头看当下所处的情境，眼前的困难似乎就变得没那么难了。下面，我们一起来看案例5-1。

📝 案例 5-1：挨饿一阵子，还是挨饿一辈子？

老舍先生出生在北京，父亲在战争中阵亡。全家人仅靠母亲替人洗衣服、做活计维持生活，日子过得很艰辛。

老舍九岁的时候，母亲打算送他去私塾读书。但在当时，根本拿不出钱来。母亲变卖了家中的粮食，而当时正是青黄不接的时节，距新粮下来还有一个多月的时间，这也就意味着，这段时间他们每天都要忍饥挨饿，只能靠吃野菜充饥了。老舍不想挨饿，更不想让家人跟着一起挨饿，便跟母亲赌气说不愿去私塾读书。母亲问他："你想挨饿一阵子，还是挨饿一辈子？"

老舍想了想说："虽然挨饿的滋味不好受，但两者比起来的话，当然还是一阵子比较好熬。"听了老舍的回答，母亲点点头继续说："现在我们挨几天饿，等过一段时间，就会好起来。但如果错过了读书，你可能一辈子都没文化。孩子，没饭吃是暂时的，可没文化却是永久的。到那时再挨饿，可能就会挨一辈子饿了。"

（资料来源：根据相关故事资料整理而成）

这个故事中，我们可以看到，当老舍埋怨母亲为了让他读书把家里粮食卖掉，让全家饿肚子而赌气不愿意去私塾时，母亲则用拉长时间框架让老舍选择"是挨饿一阵子，还是挨饿一辈子"，让老舍知道读书并且读好书的重要性。

二、缩短时间换框法

缩短时间换框法是指，当人们对未来感觉没有把握时，通过帮助当事人聚焦于当下具体而行之有效的行为，以此来帮助当事人找到走出困境的举措。缩短时间框架，即把当事人的关注点聚焦在眼前的行为上，通过专注于当下可以有所作为的举措，推进事态向前发展。下面，我们一起来看案例5-2。

案例 5-2：碰到棘手的项目应怎么应对？

　　刚入职不到三个月，小齐就碰到了一个棘手的项目。

　　第一次同业主直接沟通交流，第一次参与图纸会审和进行现场技术支持。由于之前没有任何经验，小齐明显信心不足，害怕对方嫌自己不够成熟、专业，也不敢跟对方表达自己的想法。完成图纸会审后，小齐到现场进行技术支持，结果甲方人员几个问题就把他问住了，这使他一时不知所措，有些心灰意冷，甚至想放弃这个工作。

　　小齐把自己的苦恼告诉了师父老王，王师父就给他讲了一个小闹钟的故事：一只新组装好的小闹钟放在了两只旧闹钟 A 和 B 当中。旧闹钟 A 对小闹钟说："我老了，你也该工作了，可是我有点担心，你走完 3200 万次以后，恐怕就吃不消了。"一听要走这么多次，小闹钟连忙说："办不到，办不到！"旧闹钟 B 说："不用害怕，你只要每秒钟滴答摆一下就行了。"小闹钟将信将疑，很轻松地每秒摆一下，不知不觉中一年过去了，它摆动了 3200 万次。就这样十年过去了，小闹钟一直坚持在自己的岗位上。

　　听完故事，小齐豁然开朗，重拾信心。他打起精神，向师父请教项目中不明白的技术问题，弄清楚后又主动跟客户打电话交流。最终，甲方的技术问题得到了圆满答复，客户也给了这个小伙子很多鼓励。

　　经历过"第一次"后，小齐感悟颇深：我们不必想太多复杂的事情，只要规划好今天要做些什么，明天要做些什么，然后坚持不懈地努力去完成，就像钟表每秒摆一下，慢慢地积累，坚持走下去，一切的困难都将是浮云。

（资料来源：根据相关故事资料整理而成）

　　该案例是典型的将框架缩短聚焦当下的例子。对于小齐而言，考虑过于长远宏大的目标只能令他感到挫败、心灰意冷，相反，当他受到小闹钟故事的启发后，把时间框架缩短限定在"当下"，他便明确了自己当下应该优先"做什么"。虽然他无法掌控未来的事情，无法立刻变得非常有能力，但他能控制当下自己具体要做什么，因此，当他把目光锁定在当下后，他便不再迷茫，也就有可能通过努力实现自身的发展和进步。

三、平移时间换框法

　　平移时间换框法是指，在当事人被执念所困扰时，不妨通过打开时间轴，把未来情境平行移动到眼前，通过让当事人进行前后对比而放下眼前固着的执念。该方法常常是通过向当事人展现未来时间点上的生动画面，以警醒其明确当下应该采取的有效举措。它与拉长时间换框法不同的地方在于：虽然都是拉长时间轴来看待问题，平移时间换框法更强调把远景拉回到当下，而拉长时间换框法则偏重于向未来打开时间。下面，我们一起来看案例 5-3。

案例 5-3：华莱士如何号召众人为自由而战？

在电影《勇敢的心》中，当英军与苏格兰军队正面交锋之时，苏格兰贵族看到英方兵力是自己的两倍，还有 300 名重骑兵，就准备与英军和谈了，集合而来的平民百姓们知道其领头在打这样的主意，也不愿意为其效命打仗了，甚至有人开始撤离，人群中一片骚乱。就是在这样的混乱局面中，威廉·华莱士率领他的人马及时赶到，他发表了堪称经典的战前动员演讲，稳定了军心，激发了官兵斗志。

当华莱士一行人出现时，人群中已经准备散开了，有一小部分人拿着手中的兵器开始掉头往回撤。华莱士驱马飞奔来到队伍的前面，开始了他互动式的战前动员。华莱士说："如果战斗你们可能会死，如果逃跑还能活着，至少多活一阵子，直到寿终正寝。你们是否愿意，用这么多苟活的日子去换取，一个机会，就一个机会，回到这里，告诉我们的敌人，他们也许能夺走我们的生命，但他们永远夺不走我们的自由。自由！"

大家手中挥舞着自己的武器高呼着："自由，自由，自由……"

（资料来源：根据《勇敢的心》电影视频材料整理而成）

这场战前动员的难度是非常大的，因为作为领导者来说，华莱士手中几乎没有任何可以利用的资源。譬如，他既不能用物质激励——承诺勇者重奖，甚或逃者重罚；也不可能承诺未来共享荣华富贵等。但华莱士非常有创意地利用了时间换框法，他用寥寥数语向官兵勾勒出苟且一生是多么没意思，他在自己框定的语境下让士兵瞬间体会到：活下来，但在暴政凌辱之下，苟延残喘地活一辈子，也没什么意思，从而让大家珍惜眼下这次"机会，就一次机会"，为自由而战。这种把未来拉到眼前的语言框定方式，很好地凸显了自由的价值，以唤醒人们内心对自由的渴望，士兵们振臂高呼"自由"的举动也激发出了无穷的力量。

第二节　改变空间框架

改变空间框架是指，通过转换人们的空间意识来调整个体对当下所经历事件的认知感受，从而达到改变其固有信念的目的。人的思维有时会受到一些束缚，在一定程度上也是过于聚焦于自己当下的处境的缘故，但若能把人的视野放大，比如，放大到整个自然界，甚或放大到宇宙，人则只是"沧海一粟""一粒尘埃"而已，这样一来，自己碰到困境或问题时也就不再觉得那么重要了。下面，我们一起来看案例 5-4。

📝 案例 5-4：季羡林通过看星星开导青年

有一青年，北京大学毕业后，事业发展一直不顺。这天，青年回母校办事，晚上就留宿在学校。吃过晚饭后，青年在操场上散步，正好遇见季羡林教授，就向季教授诉说了自己的坎坷经历和心中的苦闷。季羡林耐心地听完后，对青年说："我们边赏夜景边聊吧！"

这天晚上，明朗的天空繁星点点。季羡林指着天上的星星问："小伙子，你能数清楚天上有多少颗星星吗？"青年如实回答："不好意思季教授，我数不清楚。"

季羡林继续问："请你想想，在白天我们所能看到的最远的东西是什么？"青年想了想说："是太阳呀。不过请恕我愚钝，我不明白这和我的处境有什么关系。"

季羡林语重心长地说："你回答得很对，小伙子，我其实是想通过这个问题告诉你一个道理。白天我们所能看到的最远的东西的确是太阳。可是你想过没有，在夜里我们却可以见到超过太阳亿万倍距离以外的星星，而且不止一个，数量不计其数，多到我们无法数清。"季羡林仰望天空，继续说："我知道你目前的处境极不顺利，这其实可以看作命运对你的考验，不正印证孟子那句'天将降大任于斯人'的名言吗？你想想，若是年轻时便一帆风顺，你终其一生也只不过看到一个太阳；但当你的人生进入黑夜时，你岂不是会看到更远更多的星星吗？"青年思考着季羡林的话，紧皱的眉头一下子舒展开来。

（资料来源：根据相关故事资料整理而成）

这个例子中，这位青年之所以对自己当前的处境感到心灰意冷，且有悲观消沉的自我认知，正是他过于关注处境中的负面情况，让自己感觉看不到前途和希望。但季老对所谓事业发展不顺的"黑夜"重新进行注解，通过黑夜可以看到璀璨的夜空，这样赋予新意对当下情境进行全新的注解，将绝望转变为希望，系统特征发生逆转，从而拓宽了年轻人的视野并使其找到继续努力奋斗的动力。

具体来说，改变空间框架法主要有三种形式：扩大空间换框法、缩小空间换框法和转换空间视角换框法。

一、扩大空间换框法

扩大空间框架是指，把现有的问题情境放到一个更大的背景中，在扩大的背景中再来感受当下的问题，从而改变当事人对具体事件的理解。人们通常会因为视野阈限范围的约束而狭隘地认识所面临的问题情境，这时，影响者若能通过扩大空间框架，向当事人展示一个更广阔的视野图景，就可以通过调整被影响者的认知参照系而改变他的情境感受性，进而影响其行为的改变。

下面，我们举一个例子来看（案例5-5）。

✍ 案例5-5：在世界地图上标注你的财富

古希腊有一个大富翁，一次他邀请哲学家苏格拉底到他的家里做客。席间，富翁借着酒意，又跟往常一样，炫耀起自己的财富，而且自豪地强调自己拥有大片土地。苏格拉底听后格外平静淡定，并未随声附和，也没有半句夸赞之语，只是向他要了一张世界地图，摊开后对他说："请您在这地图上标注你的土地吧！"这个富翁不假思索地说："这是世界地图啊，我的地产怎么可以在上面找到呢？"苏格拉底笑了笑，然后认真地说："那您实在不能炫耀在地图上找不到的财富。"富翁听了一时无语，面露羞窘之色。

（资料来源：根据相关故事资料整理而成）

这个案例中，当富翁认为自己拥有许多财富而炫耀时，其实是他在炫耀自己的优势，而苏格拉底就是运用扩大空间框架的方法，让富翁意识到在世界地图范围内自己的财富微不足道。当参照体发生变化，其相对关系也就自然而然发生变化了。语言框定着人们对于事物不同的看法，所以，我们可以通过调整语言来转变人们的思维，从而达到想要的效果。

二、缩小空间换框法

缩小空间框架是指，把现有的问题情境放到小的、具体的背景中，在这个小的背景下再来感受当下的问题，从而改变当事人对特定事件的理解。正如一行禅师在《生命即当下》中所说的："生命的意义就在每个当下，每个呼吸，和每一步脚下的路。"（一行禅师，2011）这才是构成生命的根基，我们只有把当下的事情处理好，才有机会走向美好的未来；另外，这种缩小注意力的空间范围的方法，可以让人抛掉不切实际的臆想，从而聚焦于当下的行动。下面，我们一起来看案例5-6。

✍ 案例5-6：如何开导研究生在毕业前夕找工作？

曾经有一位即将毕业的知名大学的硕士研究生，他进入最后一学期的论文写作期已经两个多月了，但论文写作方面一点进展都没有。

有一天，他来到导师的办公室向老师诉苦："导师，我知道自己应该安心撰写毕业论文，但我整天都静不下心，每天都在考虑毕业工作的事情，纠结是去北京还是去上海，是去国企还是去外企。每天心神不宁，什么事也干不成。"

导师问他："你现在手里接到几个工作邀请，你拿工作邀请来，老师帮你分析一下。"

这位研究生说："导师，就是因为没有，所以才天天想这些事。"

于是，导师规劝他说："你此时一定要保持正念！做好近期的时间规划，把手头的事情分类规划，同时学会十个指头弹琴。先按面试与成功的 30∶1 成功规律做找工作的准备，再每天拿出 3～4 个小时阅读科研文献。但要注意的是，在自我时间规划指导下，让自己每时每刻都专心做当下的事。"

这位研究生听后感觉很有道理，按导师的指导开始着手自己的毕业事宜，最后顺利通过论文答辩，并在上海找到了自己心仪的工作。

（资料来源：根据相关案例资料整理而成）

从这个事例中我们可以看到，导师用缩小空间框架的方法来引导学生把手头的事情分类处理，并专注于当下所做的事情。这种化整为零地处理多头复杂问题的方式就是运用缩小空间框架的语言给赋新思路，通过先做好大规划再聚焦于小的、具体的事件，从而帮助当事人走出困境。

三、转换空间视角换框法

转换空间视角换框法是指，把现有的问题情境放到另外一个背景视角中，在另外一个背景视角下再来感受当下的问题，从而改变当事人对当前事件的理解。这种方法旨在让人们先放下当下所做的事情，换一个观察视角，从而让当事人有更多的选择。下面，我们一起来看案例 5-7。

案例 5-7：你站在哪里给花拍照？

著名豫剧表演艺术家常香玉曾一次收了四位弟子，孙玉菊就是其中一位。

弟子们跟着常香玉学戏不到三个月，细心的常香玉就发现孙玉菊与其他三位师妹相处不太和谐。有一天，拍戏结束后，常香玉让孙玉菊去买午餐，留下另三位弟子。常香玉有意无意地说到孙玉菊，一位弟子好像对其不满："常老师，孙师姐跟我们就不是一路人，和她一起学戏，感觉很别扭。""为什么有这种感觉？""她花钱大手大脚，瞧不起我们。"另一位弟子抢先说出了心里话。

"是这样啊"，常香玉点点头。略一思忖，她问弟子们："你们有没有给花拍过照？""拍过啊。"弟子们不明白老师为什么把话题转到拍照上。"既然拍过，那我要问，给花朵拍照的时候，从上往下拍和从下往上拍哪一种效果更好呢？"常香玉问。"这个还真没有留意。"弟子们被常香玉问住了。

"那我告诉你们，"常香玉说，"给花朵拍照的时候，从下往上拍效果更佳，因为背景是天空，花朵更像花朵。为什么同样的一朵花，会在相机里呈现出两种不同的效果呢，就是因为拍照人站的位置不同。拍照如此，看人也是一样。你们都站在日常生活的角度去看你们的师姐，但我站在专业发展的角度去看，她是一个很有艺术潜质的演员。虽然有一些生活中的瑕疵，但在以后的日子里，是完全可以改正的。"

常香玉从拍照而及识人精妙的比喻让弟子深为信服。自那以后，四位弟子相处融洽，互帮互助，共同成长。

（资料来源：根据相关故事资料整理而成）

从这个例子中我们可以看到，常香玉并不只是告诉学生如何看待他人的长处，而是通过不同拍照效果这样一个比喻来让学生意识到，生活中的每个人都是一朵花，就看你站在什么位置给它"拍照"。这样，就更形象而清晰地告诉弟子们要悦纳个体的差异。

我们常说的换位思考就是典型的转换空间视角框架，即借用"第二人称"来观察问题情境，从而达到让当事人换位思考的效果。

利用换位思考，就是让人设身处地进入另一个人的视角或"感知位置"，从新的角度看待问题情境，它通常会给当事人带来许多新的领悟和理解。下面，我们来看一则案例（案例5-8）。

案例5-8：英特尔高管是如何做出转型决定的？

1985年以前，英特尔一直主要从事存储器方面的业务。然而，在1985年，日本的存储器厂商以惊人的低价售出高质量产品，使英特尔的内存业务遭到巨大冲击。因此，英特尔管理层为是否放弃存储器业务而转攻微处理器市场展开了激烈的讨论。格鲁夫与摩尔也在讨论这一问题，但是摩尔在新旧业务之间摇摆不定，无法做出抉择。

摩尔认为："我觉得我们不应该轻易放弃存储器业务，这是我们的老本行，而且转攻微处理器市场风险太大。可是，存储器业务遭到这么大的冲击也是事实。这真的太难办了。"

格鲁夫说："假如我们下台，换了其他人来做CEO，你认为他会怎么做？"

摩尔（认真想了想）说："他会放弃存储器业务。"

格鲁夫说："既然如此，为什么我们自己不这么干呢？"

摩尔茅塞顿开。

于是，格鲁夫和摩尔达成了一致，决定放弃原有业务，转攻新市场。

英特尔放弃了存储器业务并转向微处理器业务，取得巨大成功，在1992年成为世界上最大的半导体企业之一。

（资料来源：根据相关故事资料整理而成）

从这则案例中我们可以看到，最初摩尔被企业过往的业务情况所限制，因此，无法决定是否该放弃存储器业务，而去转攻新的微处理器业务。对此，格鲁夫引导摩尔从自己的角度转换到"新进入企业的 CEO"的角度。站在这一全新的角度，使摩尔形成了新的信念，坚定了业务变革的立场，最终英特尔也获得了成功。

转换空间视角的框架法让当事人能够站在他人立场看待问题，这也就是我们平时所说的"换位思考"，这种方法在新产品设计、商务谈判等的沟通场合中较常使用。

第三节　改变人群参照系框架

除了时间与空间的框架可以改变之外，还有一种是通过改变参照人群来改变框架视角的，我们称之为改变人群参照系的框架法。这种方法适用于当事人的信念是以一类特定的人群为参照的情况。此时通过调整其的参照人群，使当事人与新的参照群体进行比较，就会形成与之前不一样的认知感受，从而达到转变当事人固有信念的目的。

下面，我们来看一个下属影响上级领导的例子（案例 5-9）。

案例 5-9：太子是个"中等人"

具体内容：周武帝很看不上自己的太子，觉得他太差了，对他的教导基本上就是打骂。周武帝还经常询问大臣们对太子的观感和评价，大臣们都说太子的好话，周武帝很不以为然。

有一次，周武帝问一个叫乐运的大臣："你也见过太子，你觉得他是个什么样的人？"乐运不假思索地回答："也就是个中等人。"周武帝笑着说："你说了一句别人不敢说的实话。那么，你倒是解释一下，什么样的人是中等人？"乐运回答说："齐桓公就是了，齐桓公有他的仲父辅佐教化时，就天下大治，使齐国成为春秋五霸之一；后来管仲去世，齐桓公任用小人，受他们的影响，最终一败涂地。所谓中等人就是可以为善，也可以作恶的人。"周武帝听了这话似有所悟，于是挑选了一些贤士来教导太子。

（资料来源：根据《北史·乐运传》里的故事材料整理而成）

反馈是一个重要的意义给赋机制，它可以帮助沟通对象重新形成对于问题的正确认识和看法。在整个对话过程中，大臣乐运的回答非常巧妙。因为他知道周武帝对太子的期望很高，但对太子当下的表现不是很满意，所以，他既不奉迎周武帝说太子不好，也不与周武帝闹对立去说太子的好话，而是巧妙地选择一个中立态度，给出"也就是个中等人"的评价，这样评价太子其实是给出了一种有价值的反馈：太子是否能成大器，不仅取决于太子本人，还取决于辅佐的大臣（情境好坏），故而，周武帝开始考虑如何通过改变辅佐的人来教导太子成大器。

本 章 小 结

　　我们所关注的框架大小，决定着我们能够感知到情境的意义的程度，它在能否有效解决问题上尤为重要。当人们在面对失败、失利等重大打击时，就需要通过运用改变框架大小法来调整人的认知感受性，从而帮助他人走出情绪的低谷。

　　时空换框法是指，当人们被一个固有的信念所束缚时，通过调整所处情境的信念，来使人重新评估（或强化）原有信念的意义，从而促成个体放弃固有信念的方法。本章从三个方面着手：更长（或更短）的时间框架，更大的或更小的空间框架、特殊的人或事构成的参照系框架。时空情境换框的目标是，帮助他人认识到特定行为在某些情境中的价值，从而改变个体对所处情境的内在负面反应。

　　改变时间框架是指，通过转换人们的时间意识来调整个体对当下所经历事件的认知感受，从而达到改变其固有信念的目的。具体又可分为：拉长时间换框法、缩短时间换框法和平移时间换框法。

　　改变空间框架是指，通过转换人们的空间意识来调整个体对当下所经历事件的认知感受，从而达到改变其固有信念的目的。该方法主要有三种形式：扩大空间换框法、缩小空间换框法或转换空间视角换框法。

　　改变人群参照系的框架法适用于当事人的信念是以一类特定的人群为参照的情况。此时通过调整其的参照人群，使当事人与新的参照群体进行比较，就会形成与之前不一样的认知感受，从而达到转变当事人固有信念的目的。

思考与练习

　　1. 什么是时空换框法？它可分为几种类型？在现实工作和生活中，你是否有意识地运用它来帮助你去影响他人转变观念，请列举 1~2 个成功的例子。

　　2. 改变时间框架有哪几类？请分别说明它们在现实生活中应如何使用。

　　3. 请具体谈谈平移时间换框法与拉长/缩短时间换框法有什么异同。

　　4. 改变空间框架有哪几类？请谈谈你会如何运用它们来实现对交往对象的影响。

第六章　意义给赋的语言干预策略：归类换框法

换框的过程通常是指通过"重新归类"的方式，来改变人们的某种判断的过程。归类（chunking）是指将一些体验重构或分解为较大或较小的片段。这种归类与人们如何运用注意力有关，有的人喜欢关注微小的细节，有的人偏好关注宏观的整体（迪尔茨，2016）。"归类尺度"与个人分析、判断问题或经验的精确与概括程度水平有关；同时关系到总结性判断是意指整个层级，还是只包含层级的一部分。人们对情境的感知常常会根据细节（微观信息归类）和概括（宏观信息归类）程度而发生相应的变化。

在特定的情境下，人们归类其体验的方式既可能会产生有利影响也可能会产生不利影响。这里"重要的是要具有灵活性，能在各种语言归类之间自由转移注意力"，这样才能让人们对于事件的处理策略更为灵活。

本章把归类分为向下分类、向上归类、横向归类（比喻）三种。

第一节　向 下 分 类

向下分类是指，将特定的情境或体验分解为不同的部分，即用更精确、更具体的信息表达原有的宏大或概括信息的分类方式。当宏大而笼统的目标难以实现时，将整体目标分解为细化的目标才能让个体看到可能的行动切入点。采用向下分类时，具体有以下两种方法。

方法一：动词和过程性词语，可以"分类"为组成它们的顺序或过程。例如，"失败"这类的词语，可以分类为构成"失败"体验的系列步骤。比如，设立（或没设立）目标、制订（或忽略）计划、采取（或回避）行动、注意（或忽略）反馈，以及以灵活（或不变通）的方式回应等。

方法二：名词和物件可以分类组成它们的较小部分。例如，如果有人说"这辆车太贵了"。用"向下分类"来描述的话，可以说："哦，实际上轮胎、挡风玻璃、排气管、汽油和机油都跟其他车是同样的价钱，只是为了确保车的性能和安全性，刹车和发动机贵一点儿。"这样可以避免打击面太大，解决问题没有着手的地方。下面，我们一起来看案例 6-1。

✎ **案例 6-1：完整的培训体系涉及哪些要素？**

人类对世界的认识也是从微小部分开始的，所以当我们知道前人所总结的某些理论时，就可以更好地帮助我们认识现实情境。例如，当我们谈及要建构一个企业的一套完整的培训体系时，我们可以从"5W1H"细分的维度着手：培训内容（what）、培训对象（whom）、培训师资（who）、培训地点（where）、培训时间（when）和培训方式（how），如此对于人力资源工作者来说就有很大的帮助。

（资料来源：根据相关资料整理而成）

从该案例我们可以看到，企业培训中的"5W1H"要素基本上形成了关键等同作用，因此当我们分析一个企业的培训体系时，可以从"5W1H"着手开展工作。

通过向下分类的换框法，我们可以在思维层面将具体问题细化，这有助于我们在操作层面上把较大的困难分解为可执行的小的动作和步骤，从而实现真正的改变。心理学家卡尔·韦克在《小胜利：重新定义社会问题规模》一文中，写道："小胜利可以降低问题的重要程度（这也没什么大不了），减少额外要求（要做的事只有这些），提升人们自认为具备的技能水平（至少我能完成这件事）。"当我们面临困难时，总觉得要想改变非常不易，但是如果把大的困难分解为可操作的小改变，此时要完成任务可能就比较容易了，其实几乎所有巨大的改变都来自成功的微小改变。

第二节　向上归类

向上归类是指，把一些细小而具体的信息转向归入更大的、更概括的信息。有学者认为，向上归类是指把一个陈述或判断的要素概括为更大的分类，从而创造出对其所表达含义的崭新且丰富的理解（迪尔茨，2016）。

一、基于归纳推理逻辑的向上归类法

在进行向上归类时，我们常用的逻辑是归纳推理。归纳推理是依据共有的普遍特征，对特定物体或现象进行分类，再由部分到整体、由个别到一般的推理形式。可以说，归纳推理的本质是"向上归类"。

下面，我们来看一个关于商业模式思考的例子（案例6-2）。

案例6-2：从"化油器发动机"到"动力来源"

有一位企业家对于自家生产化油器发动机非常执着，将企业定位于"成为化油器发动机的领军企业"，当市场上出现电喷发动机时，他们并未理睬，也不研究与跟进行业的前沿发展技术。后来市场把化油器发动机完全淘汰了，他才醒悟自己不应只关注眼前，而应该关注企业更为根本的"动力来源"。企业的基本价值观应该遵循"第一性原理"，即考虑"为社会解决的问题到底是什么"，从这个层面上考虑问题，才能永远跟上时代发展的步伐。

（资料来源：根据相关资料整理而成）

从这个例子我们得到的启示是，这位企业家应该把企业的定位向上归类，即用根本的特性来界定企业的存在根基是为汽车提供动力，而不是具体到某一特定技术"化油器发动机"上。这种向上归类，有助于企业发展更具灵活性，紧跟前沿技术的发展，为企业制定技术发展的政策提供必要的战略指导。

当我们的思维受现实情境的困扰时，还可以通过把当下核心信念转变为另一个逻辑层次的方法，使其具有更丰富的内涵、更多的可能性。

二、基于身心-逻辑层次的向上归类法

在向上归类策略中，可能会涉及个人价值判断的情境事件。该方法最初由格雷戈里·贝特森提出，后由迪尔茨于 1991 年整理发展为"身心-逻辑层次"模型（迪尔茨，2016）。在《语言的魔力：用语言转变信念的神奇旅程》一书中，作者迪尔茨将"逻辑层次"分为以下几个具体层次，如图 6-1 所示。

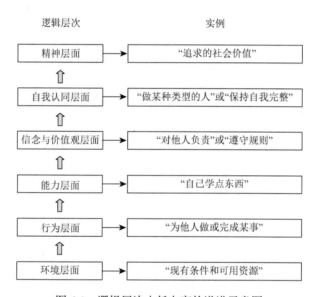

图 6-1　逻辑层次由低向高的递进示意图

（1）环境层面确定了个体做出反应的外部机会和限制，回答了"何处"（where）和"何时"（when）的问题。

（2）行为层面由环境中所采取的特定行动和反应组成，回答了"什么"（what）的问题。

（3）能力层面通过心灵地图、计划和策略，为行为和行动提供指导，回答了"如何"（how）的问题。

（4）信念与价值观层面提供了支持或否认能力的强化物（激励和允许），回答了"为什么"（why）的问题。

（5）自我认同层面确定了整体目标（使命），并通过自我感塑造信念和价值观，回答了"谁"（who）的问题。

（6）精神层面是指我们是超越自身的更大系统的一部分，就像个体之于家庭、社会或全球系统，回答了"为了谁"（for whom）和"为了什么"（for what）的问题。

借用贝特森和迪尔茨的观点，该层次模型提出：像过程的不同逻辑类型一样，在个体中也有自然的层次级别。每一层次都综合、组织和指导着低于它的其他层次的特定活动。例如，信念是由不同规则所组成的，它的改变不一定是由行为的变化引发的。

人在做决定或做判断时所遵从的准则是有优先级的。人的准则层次（hierarchy of criteria）本质上就是个体用来决定在特定情境中如何行动的优先次序。"准则层次"与人们赋予不同行动和体验的重要程度或意义有关（迪尔茨，2016）。比如，"健康"与"财务自由"哪个更有价值，不同个体的"准则层次"是不同的。了解这些知识，在说服他人或激发他人行为动机时发挥着重要作用。

因此，在使用向上归类时，我们就可以用改变准则层次方法来具体操作。准则层次中不同层级的准则，可反映在身心-逻辑层次中。指导当事人做出判断和决定的准则可能存在于不同层次之间，也就是会在行为层面、能力层面、信念与价值观层面等之间跃迁。向上归类策略就是指导我们改变当事人原有的准则层次，在其他准则层次里展开沟通与说服工作。

改变准则层次法就是找出当前的归纳总结所确定的准则具体在哪一个逻辑层次，并依据较其更重要的、更高级的逻辑层次中的其他准则，来重新评估（或加强）原有的总结。

第三节　横向归类

横向归类常用的方法是寻找隐喻或比喻。它会给我们带来新的视角去看待某种总结或判断的含义。在实践中，这样的表达方式说服效果很好。下面，我们一起来看案例6-3。

案例6-3：企业老总如何说服信心不足的员工？

有一次，企业家任正非在公司走访调研时，发现两位员工窃窃私语，其中一位员工说："华为虽然在一些技术上领先，但说不定哪一天就会倒下！"

任正非感到苗头不对，立即把全体员工召集起来说："水和空气是世界上最温柔的东西。但是，火箭燃烧后的高速气体，通过一个小孔扩散出来产生的巨大推力就能把人类推向宇宙。水，如果在高压下从一个小孔中喷出就可以切割钢板。可见，力出一孔，威力无比。华为15万人的能量如果在一个单孔里去努力，利益都在一个单孔里去获取，做到'力出一孔，利出一孔'，将来倒下的就不是华为！如果每一位员工都像刚才两个小伙子一样具有忧患意识，华为更不会倒下！"

信心不足的那两位员工很受鼓舞，不仅工作更积极主动，还不时向公司提出一些个性化建议。任正非结合员工对前途缺乏信心的表现，未雨绸缪地用形象比喻阐述了"众人同心，其利断金"的道理，激励大家只有众志成城，勠力同心，华为才会拥有美好的发展前景。任正非的话形象生动，极富感染力。这种绘蓝图、谈设想的交流方式，既没有使窃窃私语的两位员工感到被动，还别开生面地给员工们上了一堂"职业大课"，的确棋高一着。

（资料来源：根据网络资料《任正非给员工讲的 18 个故事》整理而成）

从这个案例我们可以看到，任正非用一则形象的比喻让原本没有信心的员工既坚定了对企业发展的信心，也坚定了他们积极努力进取的信心。

横向归类运用比喻的手法，把当事人带入一种更熟悉的、极具特色的情境，同时，这些比喻中内含丰富的信息，不仅有理性的成分，还有感性的因素，甚至潜含个人意志品质的积极引导，因此更能够说服和影响当事人的决策判断。下面，我们一起来看案例6-4。

案例 6-4：港珠澳大桥沉管安装的难度

林鸣带领团队一切从零开始，自主攻关。2017 年 5 月 2 日圆满完成 33 节沉管安装，港珠澳大桥沉管隧道顺利合龙。谈到建造有多难时，林鸣形象地比喻："33 节沉管，装上去，对接好，就像连续 33 次考上清华的感觉，难度可能还要更高。"

（资料来源：央视财经. 港珠澳大桥建造有多难？2017-11-27）

在案例 6-4 中，林鸣在向大家解释沉管安装的难度时，用考上清华大学来做比喻，考上清华大学的难度是可想而知的，必须有坚强的意志和聪明才智，背后蕴含的艰辛是大众都能感同身受的，林鸣还进一步强调像是连续考上 33 次，让人在轻松愉快中受到强烈的震撼。

运用横向归类法常能使说服过程变得更轻松，且不会让当事人产生被强加信念的感觉，这也是在沟通说服中最为重要的一点。

运用横向归类法需要清晰地了解说服对象的背景，因为需要找到对方的经验范围，也就是影响者所比喻的归类领域是对方能够理解和接受的，如果是脱离了对方的生活经验可能就难以产生情感共鸣。

本 章 小 结

归类是指，将一些体验重构或分解为较大或较小的片段。人对情境的感知常常会根据细节（微观信息归类）和概括（宏观信息归类）程度而发生相应变化。在特定的情境下，人们归类其体验的方式既可能会产生有利影响也可能会产生不利影响。

本章把归类分为向下分类、向上归类、横向归类（比喻）三种。

向下分类是指，将特定的情境或体验分解为不同的部分，即用更精确、更具体的信息表达原有的宏大或概括信息的分类方式。运用向下归类法的关键是找到可用以界定的"关键等同性"。

向上归类是指，把一些细小而具体的信息转向归入更大的、更概括的信息。

横向归类常用的方法是寻找隐喻或比喻。它帮助我们找到与总结或判断所界定的相类似的关系，这会让我们从新的视角去看待该总结或判断的含义。在实践中，这样的表达方式说服效果很好。

思考与练习

1. 归类换框是什么意思？它对我们的工作生活有何助益？

2. 请列举工作和生活中的 1～2 个例子，来说明你是如何运用归类换框法来进行人际交往和沟通的。

3. 归类换框法有哪几种形式？请分别举例说明。

4. 请比较向下分类和向上归类的异同。

5. 横向归类是指什么？在日常的工作和生活中应如何运用？

第七章　意义给赋的语言干预策略：调整预期法

迪尔茨认为，预期是影响我们体验的一种有力框架，它会从多方面干预甚至决定我们对体验的判断。本章借鉴迪尔茨对预期的分类方法，把预期分为两类：一类是自我效能预期，指个人对自己是否能成功地执行实现渴求结果所需要的行为的评估；另一类是结果预期，指个人对某种行为导向特定结果的评估（图 7-1）。预期是与未来行为及结果有关的"心灵地图"，这个地图可以是关于个体行为、行为的结果或发生在我们身边的事件的（迪尔茨，2016）。

图 7-1　自我效能预期和结果预期的关系

与行为所指向的结果有关的预期是激励的原动力，它决定着人们在面临压力和挑战情境时付出努力的程度和坚持的时间。调整预期法就是用预期来强化或挑战原有的信念，即将人的注意力引导指向信念或信念所引发的潜在效果。迪尔茨把它理解为是对"结局证明手段"这一原理的应用。换句话说，应通过预期正面的结果来加强或强化原有的信念，尽管原有信念中的判断认为结果可能是负面的或限制性的。下面，让我们一起来看案例 7-1。

案例 7-1：　泰勒教练如何指导队员们树立胜利的信心？

电影 Facing the Giants《面对巨人》中的经典片段——州冠军争夺赛，双方的实力相差悬殊，泰勒教练所带领的夏洛队只有 32 名队员，而对手李其兰队有 85 名队员。连球赛的解说人员都认为："纵使他们很有才华，但他们没办法换队员，下半场会很受影响。"另外，李其兰队前面两次夺得州冠军，士气高涨，而夏洛队则是跌跌撞撞冲进决赛圈的，没有任何打大赛的经验和准备。教练赛前进行动员演讲，以鼓舞士气："再过五分钟我们就要做热身运动了。我想说两点：第一，我爱你们，以你们为荣，用世界上任何东西与我换这个赛季，我都不换。第二，你们即将面对前所未有的球队，他们强大、迅速，没有败过。到现在为止，我想让你们记住，上帝把你们带到了这里，要你们记住你们多么努力，你们不该有胜利的球季，但你们有；你们复赛不该晋级，但你们晋级了；你们不该在这里，但你们在。如果你们心里想失败就抛弃那些想法。我站在这里，我相信只要敬畏上帝，任何事都不是不可能，任何事！把一切留在球场上，今晚把最好的献给上帝，不论离开时是否胜利，我们都把荣耀献给上帝了，现在谁跟我对抗巨人？"

（资料来源：根据电影《面对巨人》的剧情内容整理而成）

从该案例中我们可以看到，教练通过反复强调球队曾经创造的看似不可能的战绩，来激发队员创造奇迹的斗志，让他们对赢得比赛有正向的预期，从而摆脱原有的认为"对方过于强大，自己肯定不行"的限制性信念。

本章把调整预期法分为两种，一种是调整自我效能预期法，另一种是调整结果预期法。

第一节　调整自我效能预期法

调整自我效能预期法是指，调整人们对于自己有能力去完成既定目标所需行为的自信心。很多时候，可能是我们的自我效能预期影响了我们付出多大努力去追求高挑战目标的决心，那些"自己根本做不到""对手太强大了"等自我乏力的限制性信念在一定程度上削弱了我们积极进取的行为努力。

在面对一个较宏大的挑战性目标时，人们常常会因缺乏经验而表现出不自信，此时必须帮助当事人找到实例来证明他可以实现当期目标，可通过"向下归类"并找到自身实际成功点的框定方式，让当事人重新评估（或强化）信念所反映的事实，并从对世界的认知中提取那些聚焦于成功经历的事实，以便强化当事人实现目标的信念。下面，我们一起来看案例 7-2。

案例 7-2：租房工作到底能否完成？

当事人认为当年十月完成 19 个基站的租房工作很困难，此时教练引导他认清问题。

教练："怎么样？"

当事人："不可控因素影响很大，导致无法完成。"

教练："有哪些因素影响基站的租房工作？"

当事人："辐射影响人身安全，天线影响房屋安全，合同条款争议。"

教练："每个影响因素的占比有多大？"

当事人："辐射影响人身安全约 20%，天线影响房屋安全约 20%，合同条款争议约 60%。"

教练："我们看哪一个？"

当事人："合同条款争议。"

教练："哪些条款有争议？"

当事人："房屋产权、费用支付形式、发票。"

教练："房屋产权的争议是什么？"

当事人："没有房产证。"

教练："费用支付形式的争议是什么？"

当事人："现金交易（不转账）。"

教练："发票的争议是……"

当事人："没有发票。"

教练："19个基站中存在这些情况的数量怎么样？"

当事人："没有发票的4个、现金交易4个、没有房产证1个、辐射影响人身安全的1个、天线影响房屋安全的1个，还有一些是重复的。"

教练："现在再看19个基站租房工作的实际情况。"

当事人："说成的有10个、有意向的有4个、做工作的4个，有1个做不通、不好处理的有1个，哦，总共有2个搞不定。"

教练："再根据每种情况的具体情况制订实施计划。"

当事人："OK，好的。"

（资料来源：根据网络材料改编而成）

在这个案例中，当事人对于在一定时间内完成19个基站的租房任务量并没有把握，但教练通过引导他将任务目标分解，细化到每一个具体的客户类型和情况，使其看到了大部分问题能够得以解决，只有少数客户存在难度。这样细化后就有了针对性的解决方案，当事人完成任务的信心也就自然而然建立起来了。

第二节　调整结果预期法

调整结果预期是帮助当事人调整对预期结果的看法，从而突破自身的限制性信念，振作起来重新面对挑战。本节将其分为两种情况：一种是对于尚未发生的事情，可通过调整当事人对结果的预期来消除一些担心失败的限制性信念；另一种是对于已经发生的与前期预期结果不相符的事情，可通过调整当事人对结果的原有预期目标，让其重新评估和理解自己在该事件中所处的失利状态，以此让当事人从失利中重新振作起来。

第一种情况，对于尚未发生的事情。在追求高难度目标时，人们不仅可能对自身的行为能力缺乏信心，还可能对实现目标结果感到悲观无望而产生一些限制性信念，这时就可运用调整结果预期法来干预人们的"没希望成功""注定失败"等消极结果预期。下面，我们一起来看案例7-3。

案例7-3：一位妈妈对女儿担心考不上名校的引导

一个女孩准备报考研究生，她查阅了很多可选的学校，最想申请的是一所很有名望的商学院。但她觉得申请那些有名商学院的人一定非常多，她几乎没有什么能被录取的机会。当她跟妈妈谈到自己的想法时，她说："我想那些名校一定申请者人山人海，我肯定没机会。"妈妈说："总有机会留给那些足够好的人。"妈妈的话中饱含的朴素事实鼓舞她向名校递交了申请。让她又惊又喜的是，她被录取了，后来她成为一名优秀的商业顾问。

（资料来源：罗伯特·迪尔茨.2016.语言的魔力：用语言转变信念的神奇旅程.谭洪岗译.长春：北方妇女儿童出版社，根据书中内容整理而成）

从这个例子我们可以看到，当女孩对申请名校没有足够信心时，妈妈干预她对难以成功的结果预期，妈妈强调：如果足够好，就一定有预留的空间，以此引导孩子重点关注于把自己的优势充分展示出来，或许就会有机会。当然，这也建立在孩子对自己的能力有充足信心的基础上，由此看来，这位妈妈非常了解自己的女儿。

第二种情况，行为结果已经是既成事实。这时应怎样解读当下的结果，即如何赋意眼前这个可能并不尽如人意的结果。调整结果预期，即从原有的结果预期调整为对"另一结果"的关注，这样可以改变当事人对于事件的理解，以及后续的努力行为。

我们知道目标结果会指引行为，特定的结果本身就设置了框架，它决定了什么被看作相关的——"框架内的"，什么被看作无关的——"框架外的"。调整结果预期法，就是将人的注意力从已被某种判断或总结所定格或暗示的目标结果，转向一个不同的目标结果，目的在于让当事人对该判断和总结的适宜性进行反思。

本　章　小　结

调整预期法就是用预期来强化或挑战原有的信念，即将人的注意力引导指向信念或信念所引发的潜在效果。它可分为以下两种情况：第一种是调整自我效能预期法；第二种是调整结果预期法。在实践中，两种调整预期法的效果都不错。

思考与练习

1. 何为调整预期法？它一般应用于什么情境？

2. 什么是调整自我效能预期法？

3. 调整自我效能预期法的作用机理是什么？为什么说在运用调整自我效能预期法时，常会运用"向下归类"的方法？

4. 什么是调整结果预期法？

5. 请联系自己的工作生活实际来谈谈调整结果预期法，如何运用它才会更有效。

第八章 意义给赋的语言干预策略：概念换框法

你是否有过这样的经历：当你试图去说服对方时，却发现对方受其固有信念的束缚，此时若想影响对方难如登天。这里，我们就来介绍一个行之有效的影响技巧——"概念换框法"。

概念换框法是指，采用与原先截然不同的方式重新注解现实情境，从而赋予情境以新的意义。赋予的新意义一般会比原有的意义更积极、更尊重说服对象的利益诉求，因此，它能更好地影响当事人的认知感受性，使当事人固有的限制性信念得以转变。

概念换框法主要有两种方式：一是通过换新词来实现重新定义；二是重新解读固有信念来定义。

第一节 通过换新词来实现重新定义

换新词是指，用意思相近但含义不同的新词来替代信念陈述中原先使用的词语。这种通过核心词替换的概念换框法旨在通过重贴标签，来帮助当事人从更广阔、较少负面评判的视角来面对眼前的问题情境。

下面，我们先来看一则职业身份认同的案例（案例 8-1）。

✍ 案例 8-1：从"垃圾收集者"变为"废弃物管理者"

一位垃圾处理厂的工作人员认为自己做着"垃圾收集"的工作，感到很自卑。虽然他们的经济收入并不比其他的保洁人员低，可能时常还会因为他能有自主活动的时间而有更多的额外收入，但就是因为一听到这个工作称谓就让人联想到"脏乱差"，所以从事这种工作的人常会觉得比较自卑。这时，为了增强员工的自信，负责人常会语重心长地向他们解释"垃圾整理对社会和人民生活的重要意义与价值"，但这样的影响沟通的效果甚微，因为这种解释还是在沿用原有的"处理垃圾的人"这一逻辑思路。

但如果换一个词来重新定义这份工作，把"垃圾收集者"改为"废弃物管理者"，两个词虽然意思相近，但前一个词让人感觉是低级活动、从事这类工作是卑微的；而后一个词让人感觉是高级活动，有一定的科学规范性，读起"废弃物管理者"这个词也会让人感受到它的社会价值和重要性。

（资料来源：根据相关资料整理而成）

由这个例子我们可以看到，用"废弃物管理者"替代"垃圾收集者"的职业称谓，就可以给从业者带来受尊重感和价值提升感，从而减少了当事人对工作意义感不足的烦恼。

第二节　重新解读固有信念

重新解读固有信念是指，对原义给出全新的阐释。它既是让人从全然不同的视角来理解当前的人或事，也是一种增加人们的见识和理解的广度，进而找到更多选择性来理解现实情境的方式。

概念换框法适用于影响说服那些有一些执念的当事人，这类当事人的自我限制性信念非常固着，用一般的奖惩激励措施几乎没有办法改变他们头脑中所持有的固执信念。只有重新定义，让那个信念本身更有延展性和选择性，才可以打破固有限制性信念的藩篱，从而找到更多使当事人摆脱束缚思维的机会，如图 8-1 所示。下面，我们一起来看案例 8-2。

图 8-1　概念换框法对固有信念的改变示意

📝 **案例 8-2：母亲如何看待爱因斯坦的不合群**

> 有一天，爱因斯坦的母亲带他到郊外游玩。亲友家的孩子都活蹦乱跳，有的爬山，有的游泳，唯有爱因斯坦默默坐在小河边，久久地凝视水面。这时，亲友们悄悄地走到爱因斯坦母亲旁边，不安地问："小爱因斯坦总是一个人对着小河发呆，是不是有点抑郁啊？应该带他到医院看看吧。"爱因斯坦的母亲自信地对他们说："我儿子没有任何毛病。你们不了解他，他不是在发呆，而是在沉思，在想问题。他将来一定是一位了不起的大学教授。"从此，爱因斯坦时常拿妈妈的话审视和鞭策自己，并不断地进行自我暗示：我一定能成为了不起的大学教授。爱因斯坦的母亲坚信自己的儿子未来一定"了不起"，这种坚定的信念影响了爱因斯坦，给他带来了无限的力量。
>
> （资料来源：胖妈妈笔记.罗森塔尔效应：每个孩子都可能是天才.2019-10-31.根据快资讯网报道的相关材料整理而成）

这个例子告诉我们，母亲对孩子的积极框定可能会影响孩子的一生。假如母亲给予爱因斯坦的是消极框定，让他更积极地与小伙伴玩闹，且怀疑爱因斯坦"有病"，这些框定无疑可能会断送一位伟大的科学家。

对于如何重新解读固有信念，本章介绍以下四种路径。

一、拓展固有信念中对核心概念的注解

如果固有信念约束了个体的行为，影响者可以通过对其中核心概念的重新定义来拓展个体固有限制性信念的内涵和外延的内容，在人际交往过程中，这种拓展核心概念的思维常常可以起到化干戈为玉帛的作用。

对核心概念的重新定义，让当事人看到似乎完全不同的信念之间可能有联结之处，双方一旦找到交集，便可以给当事人带来更多的交流与合作的机会。

下面，我们来看一个例子（案例8-3）。

案例 8-3：郑庄公与母亲"黄泉"相见

郑庄公的母亲武姜由于在生郑庄公时遇到了难产，使她遭受了很大的痛苦，因此她就给郑庄公取名为"寤生"，并且十分憎恶他。但武姜对于庄公的弟弟共叔段却十分偏袒，甚至几次到庄公面前为他求取封地。而共叔段的野心也越来越大，甚至到了要谋反的地步。最后庄公平定了共叔段的叛乱，并发誓和母亲武姜"不及黄泉，无相见也！"但是到后来却也后悔了。后来颍考叔在接受庄公的赐食时，故意说道："小人有母，皆尝小人之食矣，未尝君之羹，请以遗之。"以激起庄公的恋母之心，并为庄公出谋划策，"君何患焉？若阙地及泉，隧而相见，其谁曰不然？"最终庄公和武姜得以在"黄泉"相见，重获天伦之乐。

（资料来源：根据左丘明《左传·隐公元年》历史故事整理而成）

在这个案例中，郑庄公在气头上发誓要与母亲"黄泉相见"，该词语的本义是指死后再见，但颍考叔则把"黄泉"重新定义为"向地下挖井见泉，即为黄泉"，并安排两人在此地相见，就是黄泉相见了。如此这样，避免了母子两人永生不得相见的遗憾，颍考叔通过对关键概念的重新定义来帮助郑庄公在不违背誓言的情况下完成与母亲在有生之年得以相见的心愿。

二、提出另一种全新的思路

观察事物的视角是多种多样的，几乎对于任何一种问题的应对思路都不可能是唯一的。在对他人进行意义给赋影响时，影响者如果能提出一套与被影响者所持有的固有信念完全不同的、崭新的思路，就有助于让当事人摆脱原有信念的束缚，无论是对问题情境的理解还是解决问题，都可能为其提供一种截然不同的思路，从而帮助当事人更有效地解决问题。下面，我们来看一个例子（案例8-4）。

📝 案例8-4：领导企业商业模式的创新

陕鼓的发展中经历过一次重要的商业模式创新。当年，鼓风机行业惯常的做法只是"卖鼓风机设备"，一台几百万元卖给客户，但客户买回去之后需要自己做配套和组装，当时陕鼓的掌门人发现一台设备卖给钢铁厂后，钢铁厂会很麻烦，于是他就开始考虑"客户的需要到底是什么"，之后他提出要为客户"提供一揽子解决方案"而非"卖单台设备"的运营思路。在当年，这一思路使陕鼓与某钢厂的一个800万元的设备采购单子，一下变成3000万元的"交钥匙工程"，让客户不仅仅购买了一台设备，还可以直接用其进行生产作业。

（资料来源：根据陕鼓相关人员访谈资料整理而成）

在这个案例中，领导者通过自己敏锐的洞察力重新定义"客户的需要"，从行业惯常"只卖设备"的做法，到提出为客户提供"一揽子"服务的"交钥匙工程"，这一新思路跳出原有思路的束缚，不仅带来了商业模式的创新，还给企业带来了突飞猛进的发展。

三、超越原有的信念框架

概念换框法需要我们提出一个新的信念框架，它是在审视原有框架的基础上，超越原有的限制性信念框架。在否定一个框架的同时，一定要再提供一个更好的框架，这样对方才有可能欣然接受你的新观点。"问题框架"是人"思想滞留"的表现，影响者要想让被影响者从这样的想法中走出来，就必须引导对方重新对信念本身进行审视，找到问题的根源，之后再对其进行说服，在打破其现有信念的基础上，影响者必须重新给对方树立一个全新的信念，从而超越其原有的限制性信念框架。下面，我们一起来看案例8-5。

📝 案例8-5：新员工的职场历练

公司在初创期，为了迅速扩大影响力，招聘了一些优秀的大学毕业生。老员工和新员工相处，难免会出现一些欺生现象。一名新员工和一名老员工吵得不可开交，最后闹得新员工要辞职。

创始人对这名新员工说："曾国藩刚入仕途时，遭到很多人排挤。特别是有个军机大臣，看不惯他的作风，处处为难他。曾国藩写下这样一段话：'居心平，然后可历世路之险。盘根错节，可以验我之才；波流风靡，可以验我之操；艰难险阻，可以验我之思；震撼折衡，可以验我之力'正是曾国藩的心态让他成为一代名臣。与他相比，你受的那点叫屈辱吗？"新员工受此鼓舞，也反思自己与那名老员工来往的方式。

（资料来源：根据网络材料整理而成）

在这个案例中，当新员工与老员工发生矛盾时，公司创始人的劝导并不是针对矛盾本身，而是从更宏大的人生涉世处事规律层面，引用曾国藩的事例向年轻人说明，一个人应该用怎样的心态来经历人生中的磨砺，这种超越于具体事件的框架使说服干预更有效力。

四、用反击其身的方式来重新定义，形成新的信念框架

反击其身的方式是指，根据信念所定义的关系或准则重新评估信念本身。这是一种"以毒攻毒"的方式，其就是为了发现这个信念与其自身总结归纳是否一致。《韩非子·难一》中记载："楚人有鬻盾与矛者，誉之曰：'吾盾之坚，物莫能陷也。'又誉其矛曰：'吾矛之利，于物无不陷也。'或曰：'以子之矛，陷子之盾，何如？'其人弗能应也。"卖矛和盾的商人说自己的矛什么都能戳穿，又说自己的盾什么都戳不穿，得出了自己的矛可以扎穿所有东西，而自己的盾什么都不能扎穿的结论，结果被人反驳如果用他自己的矛去扎他自己的盾会怎么样，以驳斥他所夸大的事实。这就是反击其身的最佳事例。

"反击其身"适用于原有信念存在特定的逻辑矛盾，此时我们就可以跳出信念框架来指出其原有的逻辑漏洞，从而让人意识到固有信念的不足和缺陷。下面，我们来看这样一个例子（案例8-6）。

✍ 案例8-6：你是否能保守秘密？

老张担任公司科研部部长的时候，有一天他的一位好友来访。谈话间，朋友问及他们公司最新发明的技术问题的事。"我只要你告诉我，"他的朋友说，"我所听到的有关新技术的传闻是否确有其事。"这位好友打听的事在当时是不便于公开的，但好友相求，那如何拒绝是好呢？只见老张环视四周，然后压低嗓子向朋友说："你能对不便外传的事情保密吗？""能"，好友急切地回答。"那么……"老张微笑着说，"我也能。"
（资料来源：根据相关资料整理改编而成）

在这个案例中，老张通过反击其身来让朋友站在自己的立场了解到自己保密义务的重要性，从而成功婉拒了朋友的请求。

本 章 小 结

概念换框法适用于影响说服那些有一些执念的当事人，这类当事人的自我限制性信念非常固着，用一般的奖惩激励措施几乎没有办法改变他们头脑中所持有的固执信念。

只有重新定义，让那个信念本身更有延展和选择性，才可以打破固有限制性信念的藩篱，从而找到更多使其思维走出禁锢之地的机会。

概念换框法是指，采用与原先截然不同的方式重新注解现实情境，从而赋予情境以新的意义。赋予的新意义一般会比原有的意义更积极、更尊重说服对象的利益诉求，因此它能更好地影响当事人的认知感受性，使当事人固有的限制性信念得以转变。概念换框法主要有两种方式：一是通过换新词来实现重新定义；二是通过重新解读固有信念来定义。

思考与练习

1. 什么是概念换框法？请结合自己的工作实际列举 1～2 个成功案例。

2. 概念换框法可分为几种形式？请谈谈你在工作生活中常会运用哪种形式。

3. 概念换框法的基本原理是什么？

4. 用"重新解读固有信念"进行概念换框常指哪几种方法？你平时是否注意到这些方法，它对你有何启示？

第三部分 > > >

意义给赋的非语言干预

"也许人生的意义就变成了经历各种体验。"
——赫拉利《未来简史》

在人际交往过程中，除了语言交流之外，非语言也起着重要的作用，当然，这里的非语言并不是指辅助语言沟通的表情、体态和语气等微观的非语言表达要素。本部分探讨的非语言主要指"行为方式"和"情境氛围"这两类能够影响人际沟通与交往效果的因素。一方面，我们探讨如何通过干预行为方式来实现意义给赋；另一方面，我们将呈现通过情境氛围的营造来实现意义给赋的效果。本部分主要探讨的是，在特定的情境下，如何运用情境氛围设计的规律来达到影响者所期望的转变被影响者的观念或行为的目的。

第九章　意义给赋的行为干预

第一节　意义给赋行为干预的适用条件

通过语言换框来实现意义给赋，从而使被影响对象发生转变，达到"不战而屈人之兵"的效果。但现实生活中还存在一些情境是影响者通过语言换框也无法达成预期效果的，这时，行为干预就是一条可供选择的有效路径。

如果说语言换框可以对那些在局部有限制性信念的个体进行影响干预，那么其实此种情况存在一个前提，即当事人在基本面是积极正向的，其基本生存状态、个人发展、家庭生活以及内在自信水平、人际交往关系都是健康的，只是在某些特定问题情境下表现出局部限制性信念，这时运用语言干预或许是有效的。但是，若当事人的限制性信念比较根深蒂固，一方面，是他受到众多基本面不如意因素的影响，另一方面，是周围恰好有典型的行为榜样存在，则此时仅仅运用语言换框去干预当事人的限制性信念可能就难以取得预期效果。

具体来看，影响者之所以选择意义给赋的行为干预策略，主要是因为考虑在以下情境中，它比单纯使用语言换框更有效。

第一种情况：内在固有的限制性信念过于强大。在意义给赋过程中，影响者必须采用行为干预的原因在于：个体固有的限制性信念根深蒂固，并不是一时之念，而是久积成习的惯性思维。

第二种情况：外部存在被认可的榜样行为。现实生活中，经常会有一些事，我们觉得不可能，没办法做到，但总有一些人，他们却可以轻松做到。我们认为的不可能却是别人的常态。究其原因，如果排除个体智力、能力偏好的差异，还有一个很重要的行为习惯方式差别暗含其中，而如果我们能让当事人复制那些成功人士的榜样行为，就会帮助他走出自己认知和能力阈限的藩篱，转变当事人固有的思维方式，从而使改变发生。意义给赋在这里并不是仅通过语言干预，而是通过展示成功榜样有意义和有价值的行为，让个体校正自己原本对外部条件不具备、自己能力不足、没有动机的狭隘理解，从而找到促进改变发生的行动策略。

第三种情况：客观上问题相对单一，行为改变目标明确。适合利用意义给赋进行行为干预的问题情境应该相对单一，如学习成绩提高、工作业绩提升等，这类问题相对于危机情境处理、扭转组织颓势等复杂问题来说有更清晰的目标。关键在于，这样的情境下也更容易找到成功且有代表性的行为榜样。即便是在复杂情境下，影响者也要通过目标分解，找到当下资源条件能够着手突围的作用点来展开行动，把目标细化到可以有所作为的程度。

下面，我们来看一个例子（案例 9-1）。

✎ 案例 9-1：爸爸如何引导儿子理解知识就是力量

在电影《银河补习班》中有这样一个片段：在一处施工地点，工人们想要爆破拆除大贮槽，需要在大水泥疙瘩上找几个处于同一水平线的点以便安装炸药，却没有一个找平器，一群工人束手无策，工程迟迟无法开展。爸爸走了上去，和包工头约定，两分钟搞定，给 800 元。在儿子不解、迷惑、好奇又期待的眼神下，爸爸要了一根 40 米长的塑料水管、一支记号笔，便开始了他的工作：他将水管的一头扔给已站在目标位置 A 处的工人，另一端连接上水龙头将水管接满水，然后绑在自己腰间，开始爬梯子上去，利用连通器的物理原理，定位与 A 位置同样高的 B 位置。不到两分钟的时间，赚了 800 元。包工头感慨自己怎么连这么简单的方法都想不到的时候，爸爸接过钱说："知识的力量。"然后转头对儿子说："这叫连通器原理，同一深度，液体向各个方向的压强相等。初中物理你就会学到这一课。"

（资料来源：根据电影《银河补习班》剧情内容整理而成）

在这个案例中，我们看到这位爸爸并不是进行简单的说教，而是利用生活中出现的情境给孩子进行很好的榜样示范，爸爸正是巧妙地运用连通器原理解决了大贮槽的爆破问题，用自己的实际行动向孩子展示科学知识的力量，这就是一个典型的意义给赋行为干预过程，它无疑对孩子要去好好学习的信念及学习行为进行了很好的引导。

第二节　意义给赋行为干预的基本原理

一、社会学习理论概述

社会学习理论最早是美国心理学家阿尔伯特·班杜拉（Albert Bandura）提出来的。班杜拉认为：人的行为，特别是人的复杂行为主要是后天习得的。行为的习得既受遗传因素和生理因素的制约，又受后天经验的影响，生理因素和后天经验对行为的影响相互交织。班杜拉认为行为习得主要有两种不同的过程：一种是通过直接经验获得行为反应模式的过程，并把这种行为习得过程称为"通过反应的结果所进行的学习"，即我们所说的直接经验的学习；另一种是通过观察示范者的行为而习得行为的过程，并把这种行为习得过程称为"通过示范所进行的学习"，即我们所说的间接经验的学习（李晶晶，2009）。

意义给赋的行为干预策略就是通过树立榜样，让当事人可以观察到榜样解决此类问题的方式，从而拓展自己的认知阈限，调整自己原本认为"没价值、没能力、没条件"的核心信念，根据榜样的成功示范来调整自己的行为方式。

二、观察学习

班杜拉的社会学习理论所强调的正是这种通过观察榜样行为来进行的间接"观察学习"。在观察学习的过程中，个体获得了示范活动的象征性表象，并引导出适当的操作。观察学习的全过程由以下几个阶段构成（李晶晶，2009）。

第一阶段是注意过程。它是观察学习的起始环节。在注意过程阶段，示范者行动本身的特征、观察者本人的认知特征等诸多因素影响着学习的效果。

第二阶段是观察学习的保持过程。在这一阶段里，示范者虽然不再出现，但他的行为仍对观察者有一定的影响。要使示范行为在记忆中保持，需要把示范行为以符号的形式表象化。通过符号这一媒介，短暂的榜样示范就能够被保持在长时记忆中。

第三阶段是动力复制过程。它是把记忆中的符号和表象转换成适当的行为，即再现以前所观察到的示范行为。个体通过观察榜样而看到一种新行为之后，必须要把"看的过程"转化成"做的过程"，这种转化表明个体能够切实地执行榜样活动。

第四阶段是强化过程。如果个体成功解决问题或受到奖励，则行为会受到强化，行为结果主要受到三种强化，即外部强化、自我强化和替代性强化。班杜拉把这三种强化作用看成学习者再现示范行为的动机力量，它们将会激发个体后期不断地从事榜样行为。

这四个阶段反映了观察学习从无到有的行为习得过程，这提醒我们在进行意义给赋的行为干预时，不仅要找到那些有意义有价值的行为，还要让被影响者在头脑中记住，同时激励被影响者主动尝试，最后还要开发相应的强化机制使其能巩固下来。这四个阶段缺一不可，任何一个环节没有做到位，都可能使整个观察学习受到阻断，最终不能实现既定的学习目标。因此，我们看到，与语言干预策略主要靠人际沟通的方式来实现影响不同的是，在实施意义给赋的行为干预策略时，需要提前做好阶段性的谋划，类似于有起承转合的发展过程才能实现干预目的。

三、榜样示范

榜样的影响是社会学习理论的核心内容。在观察学习中，榜样示范对学习者来说具有重要作用。班杜拉在论述观察学习过程中反应信息的传递时指出，不同的示范形式会有不同的效果，用言语难以传递实际行为或图像示范形式所具有的同等量的信息，而且实际行为或图像的示范形式在引起注意方面也比言语描述更为有力（任朝霞和陈萍，2004）。

不仅如此，观察者在看到一位榜样取得成功的做法时，我们至少能获得以下信息。第一，对成功完成期望结果的信心：观察者在观察到榜样的成功实践时，会对结果更有把握，以往自己认为不可能的事情，别人做成了，这无疑会增强观察者努力获得成功的决心。第二，面对问题情境时正确的认知方式和行为策略：在观察成功榜样的做法时，观察者还可以看到榜样是如何对问题情境做出反应的。第三，榜样的行为操作步骤：观察者可以看到榜样的行为过程，也就获得了具体的亮点行为方式。因为行为必须有一系列的操作过程才可能达及行为结果，若不了解该方法则很难完成操作过程。

综上可知，在对他人的信念转变施加干预时，如果能有榜样行为示范，则比单纯的语言干预具有更强大的影响作用。企业中的领导者若能以身作则地实践自己所宣传的理念，则领导者的行为比他的口头宣传形成的影响力要大得多。

榜样示范不仅会影响个体的行为反应，在不同类型的榜样示范影响下，个体通过观察学习可以学到的东西是多方面的，其中包括认知策略、信息处理策略、判断标准、个性偏好及相适应的行为方式等。这些方面可以综合反映出榜样示范者在面对特定情境时的问题意识及巧妙的应对策略。

总而言之，意义给赋的行为干预策略主要是根据班杜拉的社会学习理论，通过为当事人树立适宜的成功榜样，让其观察榜样的示范行为而转变自己固有限制性的信念，并激发其习得榜样有效的行为方式。

第三节　意义给赋的行为干预策略

一、意义给赋行为干预策略的基本思路：找到亮点，复制经验

现实生活中，许多人都有"问题聚焦"的倾向，当领导者倡导一些变革时，许多人都会提出这样或那样的困难，或认为变革没有必要，或认为变革根本不可能实现。但你是否注意到，许多时候，当我们觉得困难甚至根本无法实现预期目标时，总会有一小部分人，他们轻而易举地突破所有局限解决了自己所面临的问题。意义给赋的行为干预策略就是让人们注意识别身边榜样的成功做法，提炼出一些行为规律，以便用其去影响和干预那些深陷困境难以自拔的人，帮助他们走出困境的泥潭。通过一种非语言的行为干预来实现人际影响作用。

希思兄弟在《瞬变：如何让你的世界变好一些》中用"亮点行为"来刻画要去干预的行为类型。其实，在面对问题情境时，我们应该发现那些成功应对此问题的人的亮点行为，并分析他们身上表现出来的特性，因为这种行为是有效的。亮点正如金矿那样有待挖掘，它既可以为当事人提供前进的方向，还可以让当事人看到希望和获得前进的动力。

在影响者寻求当事人的行为改变时，影响者必须要不断地追问自己"当下做些什么才是有用的？怎样才能多做一点？"在这种结果导向而非问题导向的思维方式中，影响者不仅要通过语言去说服对方，更要通过榜样行为的示范来影响对方。下面，我们一起来看案例9-2。

📝 案例9-2：斯特宁如何改善越南儿童的营养问题？

在越南，儿童营养不良曾是一大社会难题，困扰着政府和民众。为了解决

这个问题，越南政府邀请国际慈善组织救助儿童会协助。杰里·斯特宁被委派到越南，负责开展相关工作。

抵达越南后，斯特宁发现当地环境复杂，资源有限，且只有少数工作人员协助工作。面对这一棘手问题，他深感压力巨大。但他坚信，只要深入了解问题，就能找到解决方案。

为了更好地了解问题，斯特宁开始研究以往的资料。他发现，之前的材料分析主要集中在整体问题上，而忽略了具体原因。这让他意识到，要从细节入手，找到切实可行的解决方案。

于是，斯特宁开始到农村地区进行调查，分组测量孩子的身高和体重。他发现，尽管一些家庭生活贫困，但孩子们的发育状况却比其他孩子好。这激发了他进一步探究这些家庭是如何做到这一点的好奇心。

通过访谈和观察，斯特宁了解到了这些家庭的不同之处。他们每天给孩子喂四次饭，种类也很丰富。此外，他们还为孩子提供更多种类的食物，如小虾、小蟹和甘薯叶，这些食物为孩子提供了必要的蛋白质和维生素。

这些发现让斯特宁意识到，解决营养不良问题的关键在于改变母亲喂养孩子的观念和习惯。为了实现这一目标，他设计了一个项目，让 50 户家庭的母亲一起准备餐点，学习新的烹饪方式。通过这种方式，母亲们逐渐接受了新的观念，开始在自己的家庭中实践。

六个月后，令人欣喜的结果出现了：65%的儿童的营养状况得到了显著改善，且这一成果也持续了下来。后来，埃默里大学公共卫生学院的研究人员来到越南进行研究，发现即使是后来出生的孩子，其健康状况也与早期接受帮助的孩子相当。这证明了改变的持久性。

随着时间的推移，斯特宁的成功经验逐渐在越南全国范围内推广开来。民众从他的项目中学习并付诸实践，改善了更多孩子的营养状况。

（资料来源：奇普·希思，丹·希思. 2010. 瞬变：如何让你的世界变好一些. 焦建译. 北京：中信出版社）

在这个案例中，斯特宁用较低的成本实现巨大的改变，究竟奥秘在哪里呢？从意义给赋的视角来分析，我们可以发现：他通过找到那些在同样的生活环境下能让自己的孩子更茁壮成长的个案，并发掘这些妈妈与众不同的行为方式，进而通过创造"一起做饭"这种小范围、密切接触的方式（榜样示范），让其他妈妈看到有效促进孩子生长发育的行为和做法（"行为线索"——亮点），从而转变了其他妈妈普遍具有的"环境恶劣我们无能为力来改变孩子健康状况"的固有信念（图 9-1）。

当新的信念被强化——"做自己力所能及的事情"，且亮点的行为方式——"煮虾蟹汤、蒸甘薯叶汁饭"被模仿后，新的观念照亮了妈妈们通往改变的前进之路。当更多位妈妈意识到通过自己的一些努力就可以改善孩子的健康状况时，越来越多的主动行为就出现了。

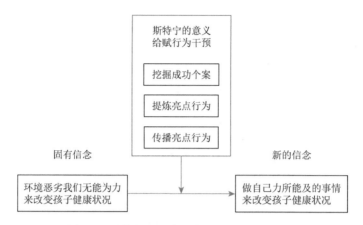

图 9-1　斯特宁意义给赋的行为干预策略分析

二、意义给赋行为干预策略的实现步骤

运用意义给赋的行为干预策略，一般遵循四个步骤，此处借鉴奇普·希思和丹·希思的《行为设计：零成本改变》中的一个连续案例来加以说明。

第一步，了解现实情况，明确期望目标。

在现实的生活情境中，许多问题可能是错综复杂地交织在一起的，一名组织管理者，必须先明确自己期望达及的目标是什么。只有瞄定目标，才能够找到与目标相匹配的行为，也才能够清楚目标有效行为的评定标准，以及大家普遍存在的问题。下面，我们一起来看案例 9-3。

📝 案例 9-3：如何影响部门经理增加对员工的及时反馈？（1）

一名人力资源经理，为了鼓励各部门经理提高给员工的快速反馈频次，决定举办一次公司外部培训。此次培训的主要目的是让经理们学习并实践即时反馈的新模式，避免一年一度的绩效评估。培训结束后，每位经理都表示会积极采用这种新方法。

然而，四周后，当这位人力资源经理开始调查部门经理对新方法的执行情况时，发现结果有喜有忧。其中两名部门经理非常乐于接受这种改变，他们表示，这种更快的反馈模式改善了他们与团队成员之间的关系，使团队沟通更为顺畅。另外五名部门经理则显得有些犹豫，他们表示虽然尝试过几次，但还没有完全适应这种新的反馈方式。还有两名经理表示很抱歉，由于工作太忙，他们实在没有时间尝试这种新方法。最后一位部门经理则持怀疑态度，他觉得这种新方法可能不太适合公司，认为它根本行不通。

在这个案例中，人力资源经理想改变团队管理者的及时反馈频次，虽然这一目标非常清晰明确，但多位部门经理并未有效执行，甚至有的部门经理不认同。当人力资源部门了解到这些情况后，就为研究接下来的举措找到了方向。

第二步，识别问题情境中成功个体（即榜样）的亮点行为。

意义给赋的行为干预策略不同于一般人对问题情境的反应。比如，设立行为奖惩机制来奖勤罚懒，鼓励那些按要求做的经理人，惩罚那些没有按要求做的经理人，这种方式是对人的直接学习行为的一种干预。

但意义给赋的行为干预策略则是为当事人提供观察学习的行动榜样，让当事人看到如何做能够在现有的条件下达及目标。这个识别怎么做的过程就是发现"亮点行为"的过程。

下面，我们来看案例 9-3 的后续情况（案例 9-4）。

案例 9-4：如何影响部门经理增加对员工的及时反馈？（2）

首先，看看接受改变的两位经理的做法是不是真正的亮点。例如，人力资源经理可能在调查后发现，其中一位经理根本没有更多地给团队成员以反馈，只不过是更经常地与个别下属闲聊。这位经理的做法对新增的社交接触自我感觉良好，但其实干扰了员工的日常工作（因为员工在工作时总是被打断）。这位经理的做法就并不是真正的亮点。

另一位经理的做法是这样的：①设计一份追踪记录表格，提醒自己每周都要给每位员工反馈；②制定"快速反馈"的目标，每次反馈时间不超过两分钟，而且只讨论一个议题——这样就不会演变成针对员工各方面表现的"批斗大会"；③专门预留出开放式"办公时间"，员工可以在这个时段随时进出经理办公室，与经理进行讨论以获得手头项目的快速反馈。

第二位经理的做法有积极意义，应该属于前期培训中所鼓励的及时反馈行为，这些做法具有其他经理人可借鉴的价值，即亮点行为。

第三步，设计亮点行为的推广干预方式。

亮点找到后，就可以尝试复制推广了。在推广过程中，要凸显亮点行为的现实有效性：一方面，要让当事人觉得是可以"学得到"的；另一方面，是当事人尝试后的确会带来积极变化，也就是好的做法在被采纳后给当事人的团队成员关系以及工作绩效改进确实带来了积极的变化。下面，我们一起来看案例 9-5。

案例 9-5：如何影响部门经理增加对员工的及时反馈？（3）

你可以让其他部门经理花一两个小时跟着亮点行为经理人，亲身体会该经理是如何把新的反馈模式融入日常工作中的；可以邀请该经理参加下一次的外部培训项目，指导其他部门经理有关快速反馈的技术性细节；可以和信息技术部门沟通，看是否能进一步改进该经理的亮点行为模式，开发出更实用、更成熟的可复制推广的反馈机制。

第四步，评估实施效果，复盘并优化行动方案，直至巩固下来。

评估推广的情况是否有效果，就需要去做一个实施效果的调研，此时需要收集足够的信息来评估亮点行为能被复制的程度，同时，复盘可以再进一步优化的地方，来改进已有的行动方案，再做新一轮的推广直至让这个机制得以巩固下来。

在采取了一些措施之后，就需要评估这些举措的实施效果了。根据实施效果来调整优化行为干预策略，总结大家的经验，对那些普遍被接受的方案和整体团队的奖惩措施进行进一步优化，从制度要求层面把这个管理机制巩固下来。

如图 9-2 所示，在解决目标相对单一的问题时，要做的事情就是：花 80%的时间探究榜样的成功原因，找到其获得成功的亮点行为，树立榜样示范，然后想办法在人群中进行推广复制。

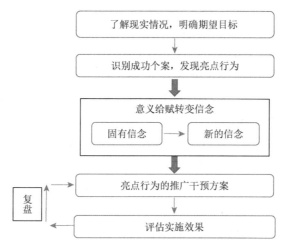

图 9-2　意义给赋的行为干预流程图

本 章 小 结

意义给赋的行为干预策略就是通过树立榜样，让当事人可以观察到榜样解决此类问题的方式，从而拓展自己的认知阈限，调整自己原本认为"没价值、没能力、没条件"的核心信念，根据榜样的成功示范来调整自己的行为方式。

具体来看，影响者之所以选择意义给赋的行为干预策略，主要是因为考虑在以下情境中，它比单纯使用语言换框更有效。第一种情况：内在固有的限制性信念过于强大。第二种情况：外部存在被认可的榜样行为。第三种情况：客观上问题相对单一，行为改变目标明确。

　　根据班杜拉的社会学习理论：人的行为，特别是人的复杂行为主要是后天习得的，人们可能"通过示范进行学习"，即我们所说的间接经验学习。遵循班杜拉所总结的间接学习的阶段性规律，我们在进行意义给赋的行为干预时，不仅要找到那些有意义有价值的行为，还要让被影响者在头脑中记住，同时激励被影响者主动尝试，最后还要开发相应的强化机制使其能巩固下来。

　　意义给赋的行为干预策略主要是根据班杜拉的社会学习理论，通过为当事人树立适宜的成功榜样，让当事人通过观察榜样的示范行为而转变自己的固有限制性的信念，并激发当事人习得榜样有效的行为方式。意义给赋行为干预策略的基本思路：找到亮点，复制经验。

　　运用意义给赋的行为干预策略，一般遵循以下四个步骤：第一步，了解现实情况，明确期望目标；第二步，识别问题情境中成功个体（即榜样）的亮点行为；第三步，设计亮点行为的推广干预方式；第四步，评估实施效果，复盘并优化行动方案，直至巩固下来。

思考与练习

　　1. 什么情况下适合运用意义给赋的行为干预策略？

　　2. 意义给赋的语言干预与行为干预策略有何异同点？

　　3. 意义给赋的行为干预策略遵循的基本原理是什么？

　　4. 你如何理解意义给赋行为干预策略的实现步骤？

　　5. 请结合你的工作和生活实际，谈谈你会如何使用意义给赋的行为干预策略。

第十章　意义给赋的情境干预

第一节　意义给赋情境干预的适用条件

在人际交往的相互影响过程中，情境因素是一个重要的影响变量。《三国演义》中记载的诸葛亮使用空城计吓退司马懿十余万大军的故事，就是一个生动的事例。

情境干预有时也能形成强大的影响场，但与同样是非语言的行为干预相比，情境干预需要被影响对象沉浸于情境中，情境强烈震撼了被影响者的内心，并使其固有观念受到冲击而发生改变。实践中，利用情境干预来进行意义给赋需要具备以下条件。

一、提前准备，精心呈现

相较于语言和行为干预方式，意义给赋中的情境干预需要提前做好充分准备，并有计划地选择合适的时机精心呈现，只有这样才有可能达及预期的影响效果。这个过程中，需要提前做好对问题情境的调查研究、对自我可调配资源的筹划布局、对物理空间的安排布置以及对呈现时机的选择等方面的综合考虑，情境干预并不是简单地随心所欲就能完成的。

每一次成功的意义给赋情境干预，都是在对问题情境以及当事人进行认真研究分析，细致了解了问题情境的状况，明晰了当事人的特征之后，才能提出更有针对性的情境干预方案。

二、事件独特，情境原创

情境干预的场合选择建议是一些有纪念意义的时刻或场景，它不同于日常繁杂琐碎的平淡时光，而应该是一些特别的时刻或场景。

建议选择毕业典礼、新年派对等对当事人具有特殊意义的日子作为意义给赋情境干预的时刻，这样的日子往往对当事人有特殊的意义而更容易直击人心，也更可能让当事人记忆。当然，我们也可以创造一些令人难忘的场景，比如，一些企业在年会上采取特邀一些行业大咖来演讲的方式，以此勾起人们内心深处的触动等。

运用意义给赋情境干预方法，一方面需要选择独特的事件情境，另一方面营造情境的创意需要具有新颖独特性。因为人的感受性会出现"钝化现象"，即新颖的东西，首次出现时人们较易激动，但随着出现频次的增加，人们的感受性就会逐渐降低。这种感觉的钝化现象就要求我们在使用意义给赋的情境干预策略时，要不断地推陈出新以优化原有的情境干预方案，只有这样才能让人保持新鲜感，进而使当事人的内心受到触动。

三、经由触及情感、撼动心灵而带来信念的转变

几乎所有的新颖性和原创性的前提都是要触及当事人的情感，并真正打动人心，由此才可能引发当事人重新理解问题情境。它区别于那些只为标新立异的"搞怪"，实践生活中的一些创意其实并不符合人们认知的基本逻辑，或只是夸张地寻求低级趣味的搞笑，那类的"创意"根本起不到影响者所期望的引发变革的作用。

所有精心设计的情境或时刻，相较于老套的活动形式，一定是通过内容或形式上的创新触动人心，如此才能撼动其原本固有的信念，让其看到不一样的可能性，从而增加被影响者处理事件情境的可能性，最终被影响者发生影响者所期望的改变。

下面，我们来看一个例子（案例10-1）。

案例10-1：如何鼓励患癌男孩重燃对生活的热情?

在电影《送你一朵小红花》中，主人公韦一航是一个患癌男孩，他知道自己的生命随时可能结束，因此失去了对人生的兴趣和热情，也拒绝他人的同情与关心。他用冷漠来保护自己，防止自己受到外部世界的伤害，因此所有爱他的人（包括他的父母）都不得不小心翼翼地包容他的坚硬和孤僻。

他原本很喜欢探险、户外运动，还买了登山手册、户外绳结，但他认为自己不配去追求梦想、不配去发展爱好。这样的行为源自其背后的核心想法："我没资格进行探险。"这个想法源于一些负面的语言框定："生病之后我觉得，也就剩这半条命了；上天总是变着花样告诉我，除了病痛和怜悯，我什么都不配拥有，远方和希望都与我无关；反正也出不去，我就只能翻看着（登山手册）玩呗。"

马小远知道韦一航喜欢探险却由于病情无法完成梦想，于是马小远借助各种道具模拟出了探险的各种场景，帮助韦一航体验探险的感觉。

马小远说："虽然咱们走不出这个城市，但还是可以体验一点儿不一样的。这是户外达人的一手游记，咱们可以按照他们这个，来个高仿。"

在海鲜市场，马小远用布蒙上了韦一航的眼睛（并有同伴使用风扇、喷水枪等模拟场景），开始念起游记里的内容："今天第一站，南非干斯拜海滩。夜晚的干斯拜海滩与其他美丽的海滩并无二致。微风掺杂海水的腥咸，海鸥在头顶盘旋，海浪拍打在礁石上，击起的水花朝脸颊扑来，当你沉浸在美景当中时，别忘了你是在跟大白鲨共享这片海滩。"

在冰库里，他们使用企鹅电动玩具来模拟南极之旅。

在车库里，他们借助小泳池、椰树道具来模拟海上漂浮："漂在地球的肚脐——死海，熟悉的落日好像也有了异域的风情，用它的余晖抚慰你半生的疲惫。"

（资料来源：根据电影《送你一朵小红花》的剧情内容整理而成）

　　在韦一航的认知里，作为癌症患者的自己是没有资格进行探险，或发展爱好与追寻远方的。但马小远为了让韦一航体验探险的感觉，借助各种道具，精心设计，对探险场景进行模拟，帮助韦一航实现探险的愿望。这是一则典型的意义给赋的情境干预案例。从这个例子中，我们可以看到意义给赋情境干预所起的作用。

第二节　意义给赋情境干预的基本原理

　　意义给赋情境干预使用较多的领域是在产品营销中。在产品营销中，商场的货架布置会影响消费者购买商品的选择。比如，你走到超市出口的收银台附近一般会看到一些口香糖等的陈设，它主要起着提醒的作用。当消费者在等待结款的长长排队中时，自然会左右观望，此时身边货架上的小商品，如口香糖等，可能就会被他们顺手拿一盒放入购物车。这就属于典型的意义给赋情境干预。

　　实践中，应如何通过情境设计来干预当事人的决策想法（信念）的转变呢？它遵循什么样的规律呢？本节主要从个体对情境体验感受的心理规律视角来解析。

一、峰值体验

　　心理学家丹尼尔·卡尼曼曾提出"峰终定律"，他认为人们对体验的记忆一般由两个核心因素决定：高峰和结束时的感觉，无论是好的或不好的，我们感受最深的那刻，将会定性我们对这次体验的印象，整个过程中其他部分的好与不好、时间长或短，对体验的记忆并没有太大影响。

　　梁宁在《产品思维30讲》中，介绍了消费者对某卖场的购物体验的例子（图10-1）。

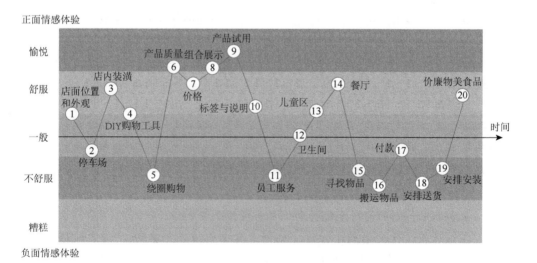

图 10-1　某卖场的购物体验统计图

由图 10-1 可知，大多数人认为在某卖场购物感受不错的原因来自峰值（如可在精致的样板间里试用产品）和终值（出口处可 1 元购买的冰淇淋、免费的会员咖啡等），这些特定时刻带来的较好体验影响了消费者最终的购物感受。

如果让你回忆一次难忘的旅行经历，你能想到什么？你又会怎么评价？就以一次"愉快的三亚旅行"来说，你可能会想起自己在三亚旅游时，在海边游泳或晒太阳的惬意，你可能会想起吃海鲜的特殊就餐经历，抑或是想起渔家出海归来时的激动场面。研究发现，人们很少会想起自己在前往景点路途上的颠簸，或就餐时的拥挤不堪，或旅游景点外长达数小时的排队等待。这种对于过往经历的选择性体验的回忆，正向我们呈现了一个心理学家发现的规律——"峰终定律"，即人们常会根据两个关键时刻来评判一段体验的感受性：①最好或是最坏的时刻，也就是"峰值时刻"；②结尾时刻（卡尼曼，2012）。

心理学家还做过一些关于用时短而易于在实验室里模拟的体验，如观看影片片段、忍受恼人的噪声等研究，他们发现：在较长的体验中，峰值时刻占据重要地位，但相比之下，"结尾"的重要性却有所减少。另外，开头也很重要，如某学者组织过一批大学生做调查，让大学毕业生回忆自己的大学生活，发现这批学生有 40% 的记忆都来自于 9 月开学季所发生的事情，这可能是人类认知的"第一印象"在起作用，从高中到大学生活的转变，刚开始的大学经历因为新鲜而使个体产生强烈的印象。因此，无论是经历的"结尾"还是"开始"，在《行为设计学：打造峰值体验》一书中，希思兄弟认为用"转折点"这个词来把结尾和开头合并起来考虑更为合适。也就是说，对于一段个人的亲身经历，给人留下深刻印象的，或者说让人记忆犹新的，常常只是其中特定"转折点"所带来的峰值体验时刻，而人们会自然忽略经历所带来的其他错综复杂的体验。

峰值体验规律说明，对于一次特定的经历而言，人们并不会在意整个过程，而只会对峰值体验（转折点）形成深刻记忆。也就是说，是峰值体验创造了我们对当时情境的体验和感受，是这个特定的峰值状态影响着我们对特定经历的认知和理解，这给我们带来的启示是：在进行意义给赋情境干预时，需要尽量设计一些能产生峰值体验的场景，以打破当事人固有的信念（脚本），通过创造全新的体验去影响甚或是扭转个体内在固有的信念。

二、时长忽略："决定性时刻"而非整个事件经历

随后的研究发现：人们在评判一段体验的感受时，会很容易忘记或忽略这段体验持续时间的长短——这种现象被称为"时长忽略"（希思 C 和希思 D，2018a）。也就是说，在评判自己的体验时，并不会选取我们经历中每分钟感受的平均值，而是特别容易记住意义重大的时刻：高峰、低谷，或者转折点。这些特定的时刻也有一个专用

名词叫作"决定性时刻"。根据希思兄弟的理解，"决定性时刻"指的是一段既令人难忘又意义重大的短暂体验时刻。当然，这里的"短暂"是一个相对的概念。比如，面对一通客服热线，一分钟则是一段短暂的时刻，但相对于孩子的教育来说，某一次考试可能是一段短暂的经历。

关键是它启发我们可以通过设计当事人对于决定性时刻的感受性，从而干预当事人对于整个特定情境的最终理解、认知和评价。也就是说，影响者不用考虑整段经历的每分每秒的情况，完全可以忽略时长，而只要通过赋予那些决定性时刻特殊的意义或价值，就可以重塑当事人对于整段情境经历的感受和体验。

这一发现的重要意义就在于：影响者可以通过情境的设计，为某些情境赋予更多的意义，从而使其形成强大的影响力量。这就意味着，当影响者想要干预当事人对于情境的感受性体验时，并不需要关注当事人每一分每一秒的情绪情感状态，而只需要创造一些"决定性时刻"就能重塑当事人对于情境的最终感受及评价。

下面，我们来看一个例子（案例 10-2）。

✍ 案例 10-2：客服中心扭转颓势中的"自豪日"

狄克在改变 ConCord 客服中心（美洲银行在加利福尼亚州的一个客服热线中心）的经营状况时的做法就非常具有代表性。这个客服热线中心有 400 名员工，他们的工作绩效非常低，该中心的关键业绩指标较业绩最好的客服中心要低 21 个百分点，较业绩倒数第二的客服中心低 18 个百分点。55%的员工觉得他们处在一个无法讲出真心话的环境中，而 50%的员工认为，即便他们有所作为也无力改变现状。当狄克要求大家与其他中心比较业绩时，大家的反应是：我们做不了这个，我们做不了那个。每个人都觉得无能为力。

想要改变组织业绩低下的状态需要经历一个痛苦的变革过程，在这一过程中，每个人都不仅需要克服组织或个人固有的习惯惰性，还需要付出很多的努力，因此，团队领导在带领大家走出低谷时，必须改变组织消沉压抑的氛围，促进并强化积极的体验，重温客服中心改变中的点滴感动人心的积极时刻，从而弘扬正能量，传播积极的声音，如此，才能打造充满积极体验的决定性时刻，以此来影响人们的变革信念。

当然，这个客户服务中心最终发生了巨大的改变，成了模范热线客服中心。

（资料来源：根据相关资料整理而成）

如果决定性时刻的峰值体验会影响个体对整个事件经历的感受性评价，那么，在平凡的工作生活实践中，找到这些决定性时刻就是关键所在。我们的任务就是辨识出哪些时机是值得投入时间和精力的。

三、融入情境设计之中的意义给赋：颠覆固有信念，创造新鲜感

在意义给赋中，影响者通过情境设计来打破被影响者的固有信念，让新情境产生颠覆脚本的新鲜感。

这里需要注意的是：一方面，要打破人类认识中的认知定式，就必须在原有认知中加入与以往完全不同的要素。不仅是情境设计，语言换框和行为干预也遵循这个规律，让当事人对所面临的问题情境产生与以往不一样的认知感受，从而在大脑中形成全新的理解，如此才能拓展当事人原有的认知阈限。

另一方面，要克服人类认知的感觉钝化现象，就需要在进行意义给赋的情境干预时不断地创造新鲜感。我们常说的"首因效应""第一印象"等，都表明第一次出现的情境会让人产生深刻的印象。比如，第一次参观兵马俑、第一次看到大海、第一次坐飞机……当这些经历再次出现时，人们的感受就不再如第一次那么强烈了。因此，在运用意义给赋的情境干预方法时，创新即不断地创造新鲜感就变得尤为重要。

对特定情境进行赋意设计，有助于为个体所遭遇的情境赋予更多的意义和力量，这样可以帮助个体改变不良习惯，达到激励员工以及将挫折转变为正面转折点的目的（加洛，2011）。下面，我们来看一个企业变革采购流程的例子（案例 10-3）。

案例 10-3：424 种手套引发的企业采购流程变革

乔恩·斯特格纳在美国一家大型制造企业工作，他发现公司存在严重的资金浪费问题。他认为通过改革公司可以在未来五年内大幅降低采购成本，于是他决定先着手变革公司的采购流程。他也明白，要实现这一目标，必须先说服领导相信节约的可能性，并让更多人意识到采购环节存在的问题。

为了证明公司采购流程存在重大缺陷，斯特格纳指派一名实习生进行调查。这名实习生负责记录每家工厂使用的手套类型，并查清每种手套的采购价格。

经过调查，实习生发现公司内部各工厂共采购了 424 种不同类型的手套，而且每个工厂都有各自的供应商和议定的采购价格。有些相同类型的手套，在一个工厂的采购价格是 5 美元，而在另一个工厂的采购价格却是 17 美元。

按照斯特格纳的要求，实习生收集了 424 种手套的样品，并逐一标明了采购价格。然后，斯特格纳将这些手套堆放在会议室桌子上，几乎形成了一座小塔。他邀请各部门主管前来观看。当主管们看到这些手套和它们的价格时，他们震惊了。有些人甚至问："这真的是我们采购的东西吗？"

这场手套展览在数十家工厂之间巡回展出，每个观众都深深地意识到公司采购流程中的浪费问题。他们纷纷表示："我们必须确保这种事情不再发生。"

　　这次手套展览使大家意识到公司采购的混乱，达成了要改变采购流程的一致认同，让斯特格纳获得了推动变革的可能性。于是，公司开始改变采购流程，并节省了一大笔支出。

（资料来源：奇普·希思，丹·希思. 2010. 瞬变：如何让你的世界变好一些. 焦建译. 北京：中信出版社，根据书中案例改编整理而成）

　　我们可以看到，在斯特格纳就职的这家大型制造企业中，一线工人在工作中每天都需要佩戴手套，这些大家是有目共睹的，但却对手套采购的混乱状况一无所知，斯特格纳让实习生将收集到的424种手套逐个标注价格，给人们的视觉感官带来了巨大的冲击，且完全颠覆了管理层对于"采购没什么大不了的问题"的固有认知，让领导意识到公司采购混乱的严重程度，从而引发了公司高层领导进行采购流程变革的决心，最终让领导支持他完成了对公司采购流程的彻底变革。

第三节　意义给赋的情境干预策略

一、意义给赋情境干预的基本思路：创造独特而新颖的积极体验

　　如果影响者想通过意义给赋的情境干预来转变当事人的固有信念，根据峰值体验和时长忽略的规律，影响者可借助重塑其决定性时刻的体验来实现。例如，体验有"积极"与"消极"、"独特而新颖"与"普通而老套"之分，如图 10-2 所示，这里有四个象限。

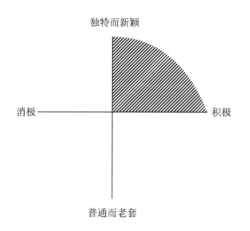

图 10-2　意义给赋情境干预的体验作用区

　　第一个象限是体验"积极，同时独特而新颖"，这个象限应该是影响者所追求的，即让当事人在积极的体验中又感受到有新意，这样就能对当事人起到启发的作用。

　　第二个象限是体验"消极，但独特而新颖"，这会使当事人产生哗众取宠、华而不实的体验。

第三个象限是体验"消极，普通而老套"，这种是最不好的情况，它会使当事人产生强烈的反感和抵触情绪。

第四个象限是体验"积极，但普通而老套"，这就会让当事人觉得很平常、没什么意思，从而难以转变其固有的思维信念。

由此可知，意义给赋的情境干预也是有风险的，设计得好会产生"四两拨千斤"的效果；设计得不好则只是白白浪费双方的时间和精力。

二、意义给赋情境干预的路径

意义给赋情境干预策略实施的关键在于，创造个体所特有的峰值体验的决定性时刻，在此，需要澄清以下三个方面的问题：①如何识别能产生峰值体验的时机？②有哪些具体的措施？③如何打造峰值体验？

（一）识别能产生峰值体验的时机

古语有"感时花溅泪，恨别鸟惊心"，因为是人的主观体验，所以可以说时时处处都可能是个体产生峰值体验的时机。只是现实中，人们经常陷于烦琐的日常生活中，特别是随着生活阅历的增加，人们就很难再有年轻时那些被"第一印象"所打动的新奇感。所以，本书把决定性时刻分为两种情况。

第一种是将原有的特殊时点重新打磨，此时需要找到那些能够给个体带来峰值体验的决定性时刻，如生日、结婚纪念日、毕业日等特殊的时点。

第二种是在平凡的生活中创造一些特殊的时刻——"给人以惊喜"或"与众不同"的感受。这里只要是能让当事人产生与以往截然不同的新鲜感，就能够创造出峰值体验的决定性时刻。

正如那些成功的案例所体现出来的，无论是正向的还是负向的体验，影响者都可以将其视为创造决定性时刻的契机，只是可能需要的时间长短有别。我们坚信每一个人的人生的难忘时刻都有其正面的积极意义可以被发掘并加以利用，如生日纪念、竞赛成功时刻等，这些属于喜庆时刻，可以用更隆重的庆祝凸显人们的祝贺之意，从而增加积极体验感；但对于一些可能带来负向体验的时刻，如失意、恐惧、忧伤等时刻，则需要想办法将其转化为可纪念的有意义时刻，可通过挖掘负向事件的正面立意来化解其消极倾向，从而创造出具有重要影响意义的决定性时刻。

（二）打造峰值体验的措施

让人产生独特而鲜明峰值体验的举措，其实有许多种，关键在于只有具备独特的创意特征的举措才能打动和影响人的核心信念。这里主要介绍两种举措。

1. 仪式感

法国童话《小王子》写到，仪式感就是使某一天与其他平常日子不同，或使某一时刻与其他普通时刻不同。我们知道，仪式即特定人群在某个特定重要时刻或者某个重大事件中做出的拥有严格形式与程序的活动，其中包括规定的流程、语言、手势、物品等，具有特定的象征意义。所谓的仪式感，就是指仪式完成之后带来的感受。仪式通过感官来构造我们的现实感以及我们对现实的理解。有学者认为，仪式感是经过一系列仪式之后产生的感受，此种感受能够影响个体的思维、行为以及情感的表达。可以说，在活动中仪式制造了戏剧性的框架来描述参与者的经历，用来呈现实际生活的场景，并着眼于更有意义的内容上。

那么，如何通过仪式感来增强人们的感受性认知体验，从而留下深刻的美好印象呢？下面，我们来看一个例子（案例10-4）。

案例 10-4：NATA 公司如何颁发月度明星奖？

在 NATA 的车间里，员工们聚集在休息区，准备参加月度明星奖的颁发仪式。公司主管麦伦站在台前，向大家宣布："今天，我们将颁发一个新的奖项。这个奖项被命名为'冰箱奖'。"

他环顾四周，接着问道："有人知道这个奖项是为何设立的？将颁发给谁吗？"

人群中有人喊道："是凯利！"

麦伦微笑着点头："没错，是凯利。凯利，冰箱里有东西给你，去看看吧。"

凯利走到旁边的冰箱前，打开门，伸手拿出一根金属杆和一个圆筒，上面附着一个信封。麦伦笑着说："来，到我这儿。"然后交给他一个装有 50 美元的信封。

麦伦开始讲述这个奖项的由来："记得那一天吗？我经过车间时，看到凯利走向冰箱。我心想，上班时间他怎么在冰箱这儿晃悠，是想喝冷饮吗？你们知道他到底做了什么吗？"

人群中响起一阵好奇的声音，麦伦接着说："凯利无法把这根金属杆装进圆筒里。他说：'我要把这个放进冰箱里，让它冷缩，这样我就能插进去了。'结果真的奏效了！"

"我问他：'你怎么会想到这个好主意？'他回答：'什么？这是我工作的一部分，不是吗？'"

麦伦看着凯利，鼓励地拍拍他的肩膀："凯利，我还能说什么呢？你真是个天才。"

然后，他高举那个金属部件，激动地说："记住，零废品，零废品！这就是我们追求的目标。"

[资料来源：尚玉钒. 2011. 与下属员工互动过程中领导的意义给赋系统研究——以企业如何"颁发创新奖"为例. 管理学家（学术版），7：48-56]

这个颁奖仪式有特色的地方就在于情境的设计，首先，颁奖地点不是在普通的会议室，而是在工作休息区，也就是事件发生的现场，这就更容易让人还原当时的情境，这样的场景还原更有代入感；其次，道具"冰箱里黏着一个信封的金属杆"，领导精心准备带领大家还原事件发生的情境；最后，麦伦的故事陈述，让大家了解了事件发生的来龙去脉。相较于一般的表彰大会，这种开会形式就创造了新鲜的仪式感，奖励的额度虽只有 50 美元，但人们更清楚地了解了问题发生的情境，以及当事人凯利的机智反应，这种利用现场氛围进行烘托的表彰会形式，就将企业所传递的"零废品"理念更明确且直观地呈现出来了。我们曾经对一批职业经理人做过一个调查，这群人中有 35 位是在职管理者，他们都是企业中层以上的管理者，年龄跨度为 22～58 岁。其中，女性 11 人，占总人数的 31.43%；男性 24 人，占总人数的 68.57%。

我们让他们看两个案例，一个是一般表彰会案例，另一个是 NATA 月度明星奖发放的案例，然后让他们针对案例分别回答以下问题。

第一，这样发奖效果如何：①好；②不好。

第二，请陈述您的原因和理由。

第三，对于案例中您感受到的、对效果产生影响的领导的所作所为有哪些，请用笔标注出来。

然后，我们对所有人的陈述进行分析，得出表 10-1 呈现的差异。

表 10-1　一般表彰会与月度明星奖表彰会的差异比较

	项目	案例一	案例二
内容比较	概念层面信息——主题框定	评选"年度创新奖"	"冰箱奖"
	行为层面信息——榜样树立	无	"金属杆和圆筒"的故事
	互动反馈信息——反馈方式	上主席台，与领导握手并合影	积极关注、个性化互动
效果比较	对本人	更取决于物质激励的强度（奖金的数额），精神激励在于满足个体的尊重和认可需要	不仅受物质激励（奖金），精神激励也表现出尊重、认可与个性化关注
	对他人	对于其他员工未能起到创新示范作用，因为缺乏行为层面的线索	因为有实例而起到很好的创新示范作用
意义给赋参照系	评价标准	要在企业的层层选拔中胜出	创意性活动会受奖励
	关注点	如何能拿到奖	如何在本职工作上创新
	得与失	得：奖金数额	得：一方面，奖金数额；另一方面，创新行为本身被强化
参与者认知感受性		老套，程式化	给人带来新鲜感和兴趣

由表 10-1 可知，两种形式的表彰会存在很大的区别，主要表现在信息呈现的内容不同、对获奖者本人和他人产生的作用不尽相同、产生的意义给赋参照系有差别，因此最终得到的认知感受性也有较大差异。

2. 物质象征

物质是不依赖于人的意志而客观存在的，能为人的意识所反映（能被认知）的客观实在。物质的功能作用是相对固定的，而其象征则是丰富的。举例来说，一把椅子，其功能作用是提供一个支撑面让人坐，但是其象征则可以千变万化，如火车上的座椅象征着出行、沙滩上的座椅象征着休闲等。

在现实生活中，我们就可以利用物质的象征特质来进行意义给赋，在公路上开车行驶的司机，若听到警报声就会主动让道，因为警报声意味着警车、救护车或消防车在驶来，且意味着有紧急的救援任务正在执行，所以，大家约定俗成地会让路。当然，物质的意义是有语境依赖的，脱离了语境谈意义就会显得空洞无力。下面，我们一起来看案例（案例 10-5）。

📝 案例 10-5：给药背心如何降低护士发药的差错率

在凯泽南旧金山医院，护士们每天需要分发约 800 份药品。从医生开出处方到患者服药，这是一个复杂的过程。护士需要抄写清晰的处方副本，然后传真给药房。药品送达后，护士需要根据医嘱，在正确的时间、以正确的方式向患者给予正确剂量的药物。尽管护士的给药准确率惊人，每 1000 次仅出现 1 次错误，但由于给药数量庞大，每年仍然有 250 次错误发生。这些错误可能会对患者造成伤害，甚至可能威胁患者的生命。

贝姬·理查兹是凯泽医院成人临床医疗服务部门的主管，她希望减少给药错误。她认为，大多数错误是护士分心造成的。传统医院通常将给药区设置在护理单位的正中央，这是最嘈杂的地方。特丝·佩普教授的研究显示，"一心多用"在给药过程中是不应该发生的。

为了解决这个问题，理查兹提出了一个创新的解决方案：给药背心。当护士在给药时穿上这件背心，其他人就能看到并明白不要打扰她们。理查兹和团队找到一些便宜的塑料和亮橙色的材料制作了第一批背心。背心的颜色非常醒目，从远处就能看到，提醒所有人不要打扰穿背心的护士。

理查兹选择了两个部门作为试点，开始实施给药背心措施。尽管开始时护士们有些不适应，但 6 个月后，数据显示给药出错率下降了 47%。这个成功案例表明，通过创新和团队合作，可以显著提高医疗服务的准确性和安全性。

（资料来源：奇普·希思，丹·希思. 2018. 行为设计学：零成本改变. 焦建译. 北京：中信出版社，根据书中案例改编整理而成）

由这个案例可知，这家医院降低护士给药出错率的方法，不是严格命令，也不是对其差错行为进行简单的惩罚，而是通过一个情境设计"穿给药背心"就排除了护士给药时被其他人打扰的因素，这一设计有效降低了给药出错率。可见，这个情境设计干预了人们觉得"护士就应该是有求必应的"的认知信念，重新设立"穿给药背心不能随便打扰"的阻断信念。"给药背心"是一个特殊的标志，它形成了穿给药背心的护士是与众不同的识别信息。通过创造情境新的认知体验，从而让人们改变自己的思维与观念。

（三）如何创造峰值体验

1. 重塑特殊时刻的峰值体验

根据希思兄弟的观点，"决定性时刻"的三个来源是高峰、转折点和低谷，影响者可着力打造这三个方面的体验。这里针对人们所特有的体验经历来说，应该遵循希思兄弟所提出的原则就是"高峰需要被凸显，转折点需要被纪念，低谷需要被填平"（希思 C 和希思 D，2018b）。

1）高峰时刻

高峰时刻是指那些能够给个体带来荣耀、自豪、尊重、感动等积极体验的时刻。我们完全可以利用这一特定的时刻来创造人们的峰值体验，以强化人们的记忆。比如，单位的先进工作者表彰大会，该类会议是许多单位在每年年终进行的一个项目，但又有哪些单位能把这一活动办成让获奖者终生难忘的高光时刻呢？下面，我们来看一个案例（案例 10-6）。

案例 10-6：玫琳凯公司的年终奖颁发仪式

玫琳凯公司每年年终的先进表彰大会举办得特别隆重，还会有最佳销售明星的加冕仪式。在音乐的伴奏下，当销售冠军穿着被 8 个孩子托着裙尾的长裙，在法杖的引领下走过红毯来到宝座，坐上宝座并被授予王冠时，这种激动人心的场面让每一位员工，无论是受到表彰的人，还是参与大会的其他成员都欢呼雀跃，这无疑会成为一个高光时刻，让人把这一刻刻存在自己人生长河的记忆中。

（资料来源：根据相关资料整理而成）

从这个例子我们就能发现，高峰时刻可以通过不断创新激励的形式和内容，从而使这一刻得以凸显出来，在人们的记忆中打上深深的烙印。

2）转折点时刻

转折点时刻是指那些前后有明显反差的时刻。比如，完成一段学习，拿到毕业证，从此就要离开校园步入社会了，这种前后生活的反差就是一个转折点，我们可通过刻意安排来让这一时刻在人生的记忆中留下印记。所以，现在各高校普遍举办大学生毕业典礼，让即将步入社会的大学生为自己的学业生涯画上圆满的句号。这提醒我们，在人生的转折点时刻，不要让它轻易划过，可设计一些特别的活动来让人们留住这一时刻的美好记忆。

3）低谷时期

低谷时期是指人们受到挫折、不顺利、失败等发展障碍或瓶颈的时期，人们对这种时期的体验也很强烈，但大多是消极负向的，这时当事人常会因沮丧、消沉、颓废而一蹶不振，因此需要影响者运用峰值体验和时长忽略中的某些决定性时刻的体验来影响当事人对整个事件的体验，从而填平其负面体验，并使当事人产生积极正向的新体验。

2. 开发平凡时刻的峰值体验

如果我们希望能通过情境干预来影响个体对现实的理解，除了可以利用那些日常生活中的特殊时刻来进行干预外，还可以根据问题情境的需要来开发一些看似平常的时刻，比如，一些能让人产生顿悟的时刻，也就是通过人为设计安排一些情境来对个体已有的惯性思维产生强烈冲击，从而阻断其思维原有的平滑性，即在以往个体认为习以为常的行事过程中，创造一定的阻碍、冲突的体验，改变其固有行为的路径和方向，可能就会让个体产生新的体验。

总而言之，意义给赋的情境干预策略就是利用决定性时刻的峰值体验规律来通过情境设计干预个体固有的信念，让个体在设计情境中意识到自己固有信念的局限性，从而有意愿进行创新变革尝试的努力。

本 章 小 结

情境营造也可以产生胜于语言或行动的强大影响场，但与同样是非语言干预的行为干预相比，情境干预需要产生强烈的震撼作用，从而使当事人固有信念受冲击而发生改变。

几乎所有精心设计的情境或时刻，相较于老套的活动形式，一定是通过内容或形式上的创新触动人心，从而撼动其原本固着的信念，让其看到不一样的可能性，进而增加个体处理事件情境的灵活选择方案。利用情境干预来进行意义给赋需要符合以下条件：第一，提前准备，精心呈现；第二，事件独特，情境原创；第三，经由触及情感、撼动心灵而带来信念的转变。

意义给赋情境干预遵循的基本原理：第一，卡尼曼的"峰值体验"。它说明对于一次特定的经历而言，人们并不只在意整个过程，而是更会对峰值（转折点）处的体验形成深刻记忆。第二，希思兄弟的"时长忽略"。我们并不需要关注个体每一分每一秒的情绪情感状态，而只有创造一些"决定性时刻"才能重塑个体对于情境的最终感受及评价。第三，颠覆固有信念，创造新鲜感。

　　意义给赋情境干预的基本思路是：创造独特而新颖的积极体验。在意义给赋中，影响者如果想通过情境设计来推翻个体固有的信念，就必须让情境产生颠覆脚本的新鲜感，也就是让人有"眼前一亮"的顿悟之喜悦。

　　总之，意义给赋的情境干预策略就是利用情境设计来影响个体决定性时刻的峰值体验，从而干预个体固有的信念。在影响者设计的独特而新颖的情境中，让个体意识到自己固有信念的局限性，从而有意愿进行创新变革的尝试。

思考与练习

　　1. 请谈一谈意义给赋情境干预策略的适用条件。

　　2. 什么是峰值体验？请谈一谈它在日常工作和生活中有何指导意义。

　　3. 根据时长忽略规律，意义给赋情境干预的关键是把握"决定性时刻"，请说明你是如何理解日常工作和生活中的"决定性时刻"的。

　　4. 请结合你的工作和生活实际来谈一下，如何识别能产生峰值体验的时机？

　　5. 请谈谈你准备打造峰值体验的思路和举措。

第四部分 > > >

意义给赋的系统干预

你能不能观察到眼前的现象，取决于你运用什么样的理论，理论决定着你到底能够观察到什么。

——爱因斯坦

第十一章　意义给赋的系统干预策略

本书前文介绍的意义给赋干预策略都是分步骤展开的，这里我们将考虑以一种整合的系统方式继续介绍意义给赋的系统干预策略。通过意义给赋来影响个体发生改变，在某些时候也许是一个复杂工程，影响者可能需要采取语言或非语言的各种干预措施来实施统合影响，这时，意义给赋的某个举措并不是割裂孤立的状态，而是一种系统的干预方式。那么，何为意义给赋系统？又应如何驾驭这个系统？这将是本章阐述的主要内容。

第一节　介绍一种系统观——和谐管理理论

影响者若想运用系统的思维来解决意义给赋的综合干预策略问题，就需要先选择一个合适的系统理论，本节将和谐管理理论作为识别何为"意义给赋系统"的理论依据。

和谐管理理论是为了应对快变环境和复杂问题而诞生的理论，是基于整体应变特性处理复杂问题的系统管理理论。和谐管理理论是在"问题导向"基础上，围绕"和谐主题"的谐则（优化设计的控制机制）与和则（能动致变的演化机制）双规则的"耦合"。也就是说，该理论将自身定位于复杂管理情境的问题解决学，它以人与物的互动以及人与系统的自治性和能动性为前提，围绕"和谐主题"展开，以"优化设计"和"能动致变"双规则的"耦合"来应对复杂的管理问题。和谐管理理论为我们提供了一种富有现实性的理解、分析和解决管理问题的途径（席酉民和尚玉钒，2005）。和谐管理理论的基本框架如图 11-1 所示。

后来，学者尚玉钒和席酉民将和谐管理理论引入领导有效性研究中，认为该理论可以较好地帮助领导者处理复杂情境下的管理问题（席酉民和尚玉钒，2005）。这里，本节进一步把和谐管理理论视为一种影响者有效干预被影响者以实现意义给赋的系统理论，其主要特点介绍如下。

首先，和谐管理理论主张管理的目的性，并以此寻求管理问题的求解之道。和谐管理理论始于问题情境的判定，即和谐主题的识别。因为在特定的问题情境下，影响者处于主动地位，他对情境的解读非常关键。比如，在数字经济迅速发展的时代，一个组织的领导者要来决定公司是否需要进行数字化转型。领导作为影响者，其对情境的认知判断，就决定着事态的走向。情境中蕴含着多种可能性，领导者结合自身的认知特点可以对当下的问题情境进行多种认知和理解，从而形成有关当下目标和方向的判断，这种和谐主题的选择就对整个情境的解决策略定下了基调。

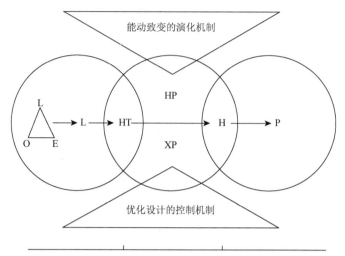

图 11-1　和谐管理理论基本框架

L 代表领导；O 代表组织；E 代表环境；HT 代表"和谐主题"；HP 代表"和则"；XP 代表"谐则"；H 代表"耦合"；P 代表绩效

和谐管理理论中"和谐主题"概念的提出，正是考虑领导者如何在错综复杂的情境中选择其认为哪些是应该思考的关键问题。本书认为，只有抓住关键问题才能产生纲举目张的效果。

其次，和谐管理理论将与主体——"人"有关的问题归结为"和则"问题，它遵循"能动致变"的规律。这里，"和则"的基本思路就是在对环境和条件充分认识与理解的基础上，以主体的主观能动性应对环境的不确定性。"和则"强调影响者需要基于自身的特点，在意义给赋过程中通过身体力行去干预被影响者的自有状态。

"和则"旨在揭示影响者发挥自身能动性去干预被影响者的途径和艺术。"和则"不仅重视这一机理，而且试图探究建立这一系统的内在构件。根据我们前期的研究，本书按照领导者在日常工作中的表现进行了如下分析。

（1）影响者是如何说的。这里又可分为：一方面，领导者以怎样的方式来倡导一些核心信念，我们把它叫作"主题框定"；另一方面，领导者如何对他人的行为做出反应，我们把它叫作"互动反馈"。

第一，领导者倡导的——"主题框定"，即影响者如何注解和谐主题。在现实中我们经常看到，虽然识别的是同一个和谐主题，但若领导者采用不同的方式来框定主题，如有积极乐观型的，还有悲观消沉型的，这些主题的框定方式极大影响着被影响者对主题的理解。主题选定后，影响者如何通过框定来阐释主题，对于个体理解主题起着非常关键的作用。

第二，领导者回应被影响者的——"互动反馈"，即影响者与被影响对象在互动过程中，对被影响者的一些观点、做法给出什么样的反馈，是肯定的还是否定的，以及是如何纠偏的。

比如，在追求高难度的挑战目标时，在吹响了冲锋的号角后，领导者虽然信心满满，但下属常会表现出畏难情绪，此时，领导者的反馈就很重要，是与下属一起抱怨发牢骚，还是想办法转变下属的消极观念，进行及时纠偏，这对于能否鼓舞下属的士气起着重要的作用。我们来看一个案例（案例11-1）。

案例 11-1：爸爸针对孩子学习困惑如何给予建设性反馈？

在电影《银河补习班》中，成绩垫底的儿子受到爸爸的激励想努力学习改变成绩排名落后的现状，但考虑到具体的实现措施，儿子又开始犯难："我成绩提高从哪一科开始呢？"儿子沮丧地说："我数学语文不好，地理历史更烂，最差的是英语和生物。"

爸爸先是无奈地接了话："挺全面的。"然后拿起儿子沉沉的书包，帮儿子把课本都摞在桌子上，但把课外辅导、作业本、课外习题集、优秀作文等其他资料扔到地上，然后拿出一把尺子量了一下，认真地对儿子说："看看，才11厘米，到考试前，每天0.1厘米，能做到吗？我的天才儿子！"儿子听了爸爸一番话后的心理活动："爸爸看我的眼神好像我就是霍金本人，平生第一次，我有了想学习的冲动。"

这里父亲的处理非常巧妙，他把儿子认为漫无边际、泛泛不可及的学习内容，具象化在几本看得见、摸得着的课本实体上，在解决困难的方法论问题上，向儿子展示了何为"化整为零"的问题解决思路。这种互动反馈充分支持了爸爸所提出的努力成为"年级前十名"的目标框定。

（资料来源：根据电影《银河补习班》剧情内容整理而成）

在现实中，领导者并不是提出个目标、随便说说就可以鼓舞下属去行动了，人际互动其实是一个不可忽视的信念强化过程，和谐主题所倡导的核心信念需要在与被影响者的互动中进一步巩固，只有这样才能起到影响作用。

（2）影响者身体力行是如何做的，我们称之为"行为示范"。这里主要关注影响者所主张的在其行动中的反应，这对被影响者能起到一种重要的示范作用。

实践中，人们会通过行为方式来判断一个人的核心意图，当我们看到个体主张"追求卓越"时，不仅可从其说话的眼神和姿态中看到其决心坚定的程度，更会从其日常的行动中看到其努力进取、积极上进的表现，从而判断其是在追求自我超越，还是只是说一个好听的口号而已。所以，当我们提出一个和谐主题，就一定要身体力行地让自己的一举一动都反映着这个主题的意旨，只有这样才能影响到被影响者。

（3）和谐管理理论将管理中可优化或设计的问题归为"谐则"的问题，它遵循优化设计的规律，也就是允许影响者提前准备和精心设计。

"谐则"通常表现为结构设计、制度安排、流程优化，以及资源使用与分配机制的制定与选择等，这些内容的特点都是影响者可以使用设计与建构的方法进行事先筹划安排的。"谐则"作为一种优化设计的控制机制，体现为领导驾驭组织运营过程来对被影响者实施干预的方式。

（4）和谐管理理论提出了双规则"耦合"，即"谐则-设计""和则-演化"的问题解决机制。

这里的"耦合"是指在同一个主题下 A 部分与 B 部分的协同配合程度，这里 A 与 B 分别指代以下内容：A 部分是指"和则"中影响者根据和谐主题所框定的"关于如何做"的核心信念，影响者所倡导和执行的言谈举止中所展示出来的核心信念，以及与被影响对象之间互动过程中所表现出来的核心信念。B 部分是指"谐则"中优化设计的规划与安排中所反映的核心主旨。它们之间的协同配合程度也就是耦合的程度，即我们所说的和谐管理想要达及的最终效果。

和谐管理面对复杂的现实情境，既强调人类在物理领域积累的大量知识，又注重发挥人的主观能动性，重视环境影响下其能动性和创造性的发挥，围绕"和谐主题"，能够预先科学安排的，用科学设计和优化来解决；反之，让人发挥其能动性和创造性的，要权宜应变。追求耦合既在于强调整体一致性的达成，也体现了影响者驾驭全局，以及随时调整各子系统的敏锐性和协调能力。我们不得不承认影响者行为最终的有效性取决于一种"耦合"的效果，而非影响者的一厢情愿。

总而言之，和谐管理理论是一种反映组织内在运作规律的系统理论，它向我们揭示了一种有人参与的复杂系统的运作规律。

当把它引入"意义给赋"领域的研究时，我们发现前人对于领导的意义给赋研究大多关注单方面的作用：或是关注领导语言特色，或是强调一些组织机制等。但和谐管理理论给我们的启示在于：领导者面临任何一种不确定情境时都必须进行系统的思考，才有可能找到真正的问题解决之道。

本书中，我们提出一种基于和谐管理理论的影响者意义给赋系统，它强调当影响者在干预被影响者对于情境的认知时，是动用了一个系统：它并非单纯强调影响者语言技巧的运用，更是一种影响者对自身特色的调动，同时综合考虑对各种可控方式的组织，在针对具体管理对象和情境的基础上进行权变处理，以达成最终耦合的有效管理过程。

第二节　基于和谐管理理论的意义给赋系统

本节主要介绍基于和谐管理理论进行意义给赋的系统干预，并以领导者对下属的影响为例，这里的影响者是指领导者，被影响者是指下属，下文我们具体来看和谐意义给赋系统涉及哪些核心要素，如图 11-2 所示（尚玉钒等，2008）。

首先，组织中领导者需要对现有的问题以及与外部环境相互影响形成的任务或问题集进行辨识，从而生成一个和谐主题，也就是领导者对于解决当下情境所面临问题而形成的"我们到底该如何做"的核心信念。

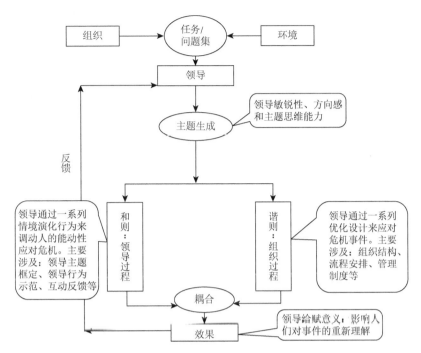

图 11-2　基于和谐管理理论的领导意义给赋系统模型

　　阐释和谐主题就好比阐述文学和音乐的主题。和谐主题可以说是领导者想传递的中心思想，是领导者想让个体记住的"主旋律"，这一"旋律"无论什么时候响起都会使人们联想到整部乐曲，以及它的中心思想是什么，它想表达的主旨是什么。实践中，每个领导者其实都是在这样一个主题的指导下，围绕着主题创造属于自己的业绩。

　　其次，领导者一般会从两个方面来进行影响：一方面是"和则"，我们定义为"领导过程"，即领导亲力亲为的影响，它是通过领导者自己的身体力行来影响下属对面临问题情境的理解。另一方面，根据和谐管理理论，其"和则"作用机制是一个"能动致变"的过程。这里，不同的领导风格的差异可能会表现出一定的差异性。

　　在实践中，一般需要关注如下三个方面：一是领导的主题框定，即领导是怎样表达对现有形势的理解的。不同的框定既反映着领导对于问题本质的个性化理解，也反映着领导解决问题的思路，而这个思路也决定着出路。二是互动反馈，这里主要关注在人际互动中，领导如何影响下属，即领导给被影响对象的反馈传递着领导在意什么、重视什么的信号，这些信号会极大影响下属对问题情境的理解。三是领导的行为示范，也就是不仅要看领导说得怎样，还要看领导做得如何，领导给出榜样示范的方式会影响下属对问题情境的反应方式。

　　最后，和谐管理理论还提示我们，在进行意义给赋时要关注"耦合"的程度，这里的耦合程度在一定程度上决定着意义给赋的最终效果。耦合指的是领导主题意旨、领导过程（和则）与组织过程（谐则）三方面的协同程度，我们可根据和谐主题所反映出来的领导行动意向、领导自身行动所反映出来的行动信念，以及组织设计所倡导的行动信念之间的协同与匹配程度来判定耦合的效果。

本书以席酉民教授提出的和谐管理理论为基础，该理论是一套系统的管理理论，其基本思路是"问题导向"基础上的，围绕"和谐主题"的"优化设计的控制机制"与"能动致变的演化机制"双规则的"耦合"展开。也就是说，该理论将自身定位于复杂管理情境的问题解决，它以人与物的互动以及人与系统的自治性、能动性为前提，围绕"和谐主题"展开，以"优化设计"和"能动致变"双规则的"耦合"来应对复杂的管理问题。

和谐管理理论给我们的启示在于：沟通主体面临任何一种复杂情境时都必须进行系统的思考，才有可能找到真正的问题解决之道。因此，本书提出一种基于和谐管理理论的意义给赋系统——"和谐意义给赋系统"，它强调当沟通主体在影响下属对于情境的认知时，是动用了一个系统：它并非单纯强调其语言技巧的运用，更是一种沟通主体对自身特色的调动，同时综合考虑对各种可控方式的组织，在针对具体管理对象和情境的基础上进行整合，以达成最终耦合的有效沟通过程。

第三节　意义给赋的系统干预策略的运用

一、意义给赋系统干预的基本思路：多措并举，协同发力

在现实工作生活中，当影响者有一个思路和想法要去干预被影响者时，并不只是单纯地劝说，或采取单一的行为/情境预设去干预，经常会竭尽所能调动各种资源来实施影响。比如，若只是口头沟通，有些人在说话时，说得激动了就会手舞足蹈，这时，他就使用了语言与非语言的干预方式；或者，影响者为了达成说服效果，会选择安静的场所，让人能心境平和、避免琐事的干扰，这种地点的选择也就是利用情境干预；再或者，影响者还可能动用组织人力资源部的一些奖惩规定，这也是利用组织领导力来实施影响的；等等。在现实生活中，为达成对他人的影响，我们决不能认为是仅仅说几句话就行了，而是要有意识地去调动各种可能的影响干预手段。

但到底可以使用哪些手段？可以采用哪些干预措施？从哪些方面实施影响？这些都是影响者关心的问题。那些精通沟通技巧的人很自然做到的事，普通人却需要细细品味才能揭开其中的奥秘。其实我们并不是不理解，只是不知道如何使用沟通技巧。本书之所以引入和谐管理理论就是意识到，如果我们运用一个架构清晰的系统理论，它就能明确指导我们去关注情境所涉及的核心要素及要素之间的关系情况。这里以一个系统理论作为指导，可以更有的放矢地指导影响效果的达成。

这里，为了更好地运用和谐管理理论帮助读者理解"多措"都有哪些措施，把这一人际互动过程比喻为影响者要唱一台"大戏"，在这里"和谐主题"就相当于"定曲目"，类似于目标设置，它为整个影响过程定下了方向和基调；"谐则"就相当于组织过程，它通过流程、结构等规制，为整个影响过程"搭好台子"，布置好帷幕背景；"和则"就是影

响者"登台唱戏"，它的一招一式，说学逗唱，都是对自己想实现目标的生动演绎。现实中，人际互动与舞台演戏的不同在于：被影响者是坐在台下观戏，还是在台上参与演出。无论如何，这出大戏是否能打动被影响者，选曲、剧情设计和演员的功底都是重要的决定因素，任何一个因素都不能缺少，每一个要素都需要与其他要素之间形成相互映衬的关系。从和谐管理理论来看，它为我们提出了意义给赋系统的构成要件：和谐主题、和则、谐则，以及它们之间的耦合。如果想对被影响者产生影响作用则需要这些方面协同发力。

特别是在关键对话阶段，考验的不仅是影响者的对话水平，更是影响者能否运用好这种系统思维的能力。基于和谐管理理论的意义给赋系统干预，就是通过多方面共同作用以实现对被影响者核心信念的转变，从而使影响者期望的改变得以发生。

二、意义给赋系统干预的路径

意义给赋系统干预路径就是：对和谐主题、和则、谐则及其之间的耦合进行权宜处理。

（一）意义给赋系统中"和谐主题"目标设定的干预路径

在和谐主题方面，需要调整个体做事的工作重心，关键是看其目标设定情况。如果个体的和谐主题设定有误，则可能出现事倍功半的结果。所以，影响者在进行意义给赋系统干预时，首先就是要干预被影响者和谐主题的设定。

这具体表现在影响者对于当事人认为自己"到底要干什么"的核心信念的干预。影响者需要调研现实情境、了解历史沿革、预判未来趋势，只有在掌握这些具体信息的前提下，才可以明了当事人到底应该做什么，关键是要清楚当事人在做的事是否与这一初衷一致。

这里，在设定和谐主题时，应该遵循一个基本的原则：关注我们想要的结果，而不是关注那些我们并不想要的东西。但在日常生活和工作中，我们却常犯关注点偏差的错误。下面，我们来看一个案例（案例11-2）。

📝 案例 11-2：英国石油的转机——提出"杜绝枯井"的目标

在20世纪的大部分时间里，石油勘探人员主要依赖直觉，这使得油井勘探的成功率几乎完全依赖于运气。在石油储备丰富的早期，这种方式或许可行，但随着大油田的逐渐枯竭，这种方式显然不再适用。

面对这种情况，公司高层及时调整策略，重新设定了一个明确的目标："杜绝枯井"。这一目标不仅让管理团队看到了希望，也让员工们意识到没有退路。在这种压力下，员工们开始认真分析数据，不再盲目地依赖运气。他们开始更系统地处理地图和资料，为了防止挖到枯井，地质学家采用了多种颜色来标注地图：绿色代表可能有油田，琥珀色代表信息缺失，红色则代表确定没有油田。

通过这种方式，他们将每张地图代表的地质特性检测结果进行叠加，只有当所有评估标准都显示为绿色的地区才进行挖掘。

到了 2000 年，英国石油公司的油井勘探成功率达到了 2/3，成为行业的佼佼者。这一成就是公司早期油井勘探成功率的 3 倍，充分证明了重新设定明确目标，并辅以严谨的数据分析在石油勘探中的重要性。

（资料来源：奇普·希思，丹·希思.2018.行为设计学：零成本改变.焦建译.北京：中信出版社，根据书中案例整理而成）

从这一案例我们可以看到，虽然都在勘探石油，但前期的和谐主题设计不够清晰，所以大家就是靠碰运气来做的，但当提出"杜绝枯井"的目标后，员工们的观念发生了重大转变，都在想尽一切办法不让"枯井"出现，对提升挖井率起到了举足轻重的作用。由此我们看到，在做事情之前，先要树立正确的目标，也就是我们在和谐管理理论中强调的和谐主题，正确的和谐主题所蕴含的核心信念才是我们后期取得成功的关键。

（二）"和则"干预中影响者的言行表达方式

基于和谐管理理论，在意义给赋中考虑影响者亲力亲为的"领导过程"时，可以将其分为语言和非语言的干预过程，其中，语言部分涉及本书前文所讲的框定技术，非语言部分是指通过真诚和热情向被影响者展示亮点行为。

针对语言干预部分，无论是影响者主动发起对话还是被动回应被影响者的问题，这里的语言干预原则就是让被影响者看到情境中还有更多的可能性、更大的价值和可能的条件，从而改变被影响者对于情境固有的偏执信念。特别是当这个信念是一种束缚当事人行为的狭隘偏见时，让当事人看到更多可能的选择就是影响者需要去做的事情。

针对非语言干预部分，它是对语言干预部分的补充，这时就是借助非语言展现出影响者的真诚和热情，让被影响者对于影响者的语言产生更多的信任。

按照和谐管理理论的观点，这个过程具有"能动致变"的特点，它反映了影响者的现场驾驭能力，就好像即兴演讲一样，这类临场发挥需要演讲者具备良好的思维与沟通技能。这种能力并不是一朝一夕就可以练就的，而是一个人在日常的工作生活中逐渐积累起来的。所以，平时不断地训练自己的问题意识、正确的表达方式就显得尤为重要。

（三）"谐则"干预中对组织过程的设计

根据和谐管理理论，"谐则"是指优化设计的部分，在进行意义给赋干预时，它是指对组织过程的一些特别设计。比如，在一项特定的任务中，涉及安排得力的人手（结构）、做正确的事情（流程）、有合理的规则（制度）、现场时空的营造（活动）等一系列的安排，这些都需要符合和谐主题所设定的目标导向，为主题所瞄准目标的实现起到支撑作用。

"谐则"遵循"优化设计"的原则，就是提前做好各项准备工作，而不是在事发当下的应激反应，所以一定要预先做好周密的安排。比如，时间和地点的选择、氛围的营造、保障体系的规划等，这些因素对实现和谐主题起着保驾护航的作用。

当然，这一点与影响者自身的综合能力有关，就如同画家写生一样，都是想把现实描绘出来，但一个新手画家就只能肤浅地画出概貌，而只有大师才能深入肌理画出精髓。我们所能给出的优化设计方案与我们对问题的理解以及对趋势的把握有关，我们期望有助于和谐主题所预设目标的实现，但我们开出的"方子"是否能够"对症下药"彻底解决问题，则取决于我们把握本质规律的水平。

在现实工作生活中，我们对于与主题方向不一致的、不和谐的地方是可以识别到的，但对于许多与主题方向看似一致的地方，到底和谐程度如何，是否是最优级路径则很难判断，这与我们的实践经验特别是成功经历所达及的高度有很大关系。

三、意义给赋系统干预案例：以领导者扭转危机为例

领导者在顺利情境中可谓占据天时、地利、人和，他们可以很好地来带领下属完成期望的目标。但大部分时候，领导者都会受到资源约束限制，特别突出的则是：当处于极度困顿的情境时，领导者面临人力、财力、物力等多重匮乏的情境时，如何做到在困境中突围，才是最能彰显领导力的时刻。

下文从意义给赋的角度来分析英国国王亨利五世领导的那场名垂千古的阿金库尔（Agincourt，法国北部的一个村落）战役，以期了解在极度困顿时领导者是如何激发下属的斗志，最终力挽狂澜而实现战胜强敌的。

（一）历史事件背景介绍

1415 年，英国国王亨利五世带兵去攻打法国，发动了一场树立威信、扩张领土的战争，但这一进程并不顺利。仅哈福鲁尔之围就长达数月，亨利五世带来的军队历经血战，已是疲惫不堪、饥寒交迫。当亨利五世率领的英军在阿金库尔与法国的正规部队相遇时，双方的军事实力悬殊。

由表 11-1 可知，当时英法两军的军事实力差异很大，从军队人数、军队构成、战备、开仗前夜的准备等方面，英军都处于极端的劣势。仅在军队人数上，法军是英军的 6 倍多，英军将士有人甚至开始怀疑亨利五世发动战争的理由是否成立。亨利五世知道，他必须消除士兵的恐惧和疑虑，因为这种情绪非常不利于稳定军心、提振士气。

表 11-1　英军与法军的军事实力情况对比

国家	英国	法国
军队人数	5 900 人	36 000 人
军队构成	少数骑士（900 人），剩余皆为长弓手	法国军队许多贵族（有 1100 位血统高贵的骑士准备冲锋，其中包括 12 位有王室血统的王子），其余士兵装备精良
战备	在异国他乡，刚打完一场硬仗，又长途跋涉，沿途因痢疾而不断有军人掉队及减员	在本国领土上，从容不迫地集结和调动自己的军队
开仗前夜的准备	已经 4 天未有正常的伙食供应，士气相当低下，并因缺少遮掩而不得不淋受大雨	住在帐篷里，有正常的伙食供应

熬过漫漫的长夜，黎明之际大战即将拉开帷幕。作为一军之主的亨利五世是如何带领这样一支队伍迎战法军的呢？他又是如何鼓舞士兵的斗志赢得胜利的呢？

（二）亨利五世的战前动员演讲

亨利五世在阿金库尔战役前的著名演讲（案例 11-3）。

案例 11-3：亨利五世在阿金库尔战役前的著名演讲

如果有谁没勇气打这一仗，就随他掉队，我们发给他通行证，并且把沿途所需的旅费放进他的钱袋。我们不愿跟这样一个人死在一块儿——他竟然害怕跟咱们大伙儿一起死。

我们，是少数几个人，幸运的少数几个人，我们，是一支兄弟的队伍——因为，今天他跟我一起流着血，他就是我的好兄弟；不论他怎样低微卑贱，今天这个日子将会带给他绅士的身份。这会儿正躺在床上的英格兰的绅士以后将会埋怨自己的命运，悔恨怎么轮不到他上这儿来；而且以后只要听到哪个在圣克里斯宾节跟我们一起打过仗的人说话，就会面带愧色，觉得自己够不上当个大丈夫。

今天这一天叫作"圣克里斯宾节"，凡是渡过了今天这一关、能安然无恙回到家乡的人，人们每当提起了这一天，将会对他肃然起敬；每当他听到了"圣克里斯宾"这名字，精神将会为之一振。谁只要度过今天这一天，将来到了老年，每年到"圣克里斯宾节"的前夜，将会摆酒请他的乡邻，说："明天是圣克里斯宾节啦！"然后，他就翻卷起衣袖，露出伤疤给聚来的人看，说："这些伤疤，都是在圣克里斯宾节得来的。"老年人记性不好，可是也会分外清楚地记得在那一天里自己的英雄事迹。我们的名字在他的心里本来就像家常话一样熟悉：什么英王亨利啊，培福、爱克塞特啊，华列克、泰保啊，萨立斯伯雷、葛罗斯特啊，到那时他们在饮酒谈笑间，就会亲切地重新想起这些名字。那个故事，那些老人家会细细讲给他们的儿子听；而"圣克里斯宾节"，从今天直到未来的日子，永远不会随便过去。

（资料来源：根据电影《亨利五世》剧情整理而成）

根据马斯洛的需求层次理论，我们具体分析一下这个演讲的几个层面（表 11-2）：亨利五世几乎没有提及部队当前面临的困境，如饥饿、疲劳和恐惧等。没有人比他自己更清楚，而且只要细致分析一下战场上的情势，几乎任何人都会明白当时处于敌众我寡的局面（基本是 6∶1）。亨利五世在战前查岗时，打扮成一般士兵，他在营地里走动时所说的话，显示出他感受到了"他们的痛苦"，但他拒绝多想这方面的问题。他没有试图反驳开战理由正当与否的疑虑。若换做其他时候，领导者应该对下属的恐惧直接做出反应。但是，如果亨利五世这么做，不等他说完，法国军队可能已经杀过来了。亨利五世没有这么做，他只是选择了两个最能触动士兵情感的主题：荣誉和兄弟之情。在他的演讲中，他不停地重复着这两个主题，他不断地向士兵们描绘种种庆祝节日时的美好场景，使每个士兵都开始憧憬阿金库尔战役结束后的荣耀生活，让大家认同这是一次难得的获得荣耀和尊严的机会。

表 11-2　亨利五世战前动员演讲分析表

关注的需要	表现方式
物质层面	在开场白，他尊重了大家内心的呼声，即大家对安全、回家的需要，表达是"如果有谁没有勇气打这一仗，就随他掉队，我们发给他通行证，并且把沿途所需的旅费放进他的钱袋"，但也表达了对此决定的鄙夷态度："我们不愿意跟这样一个人死在一块儿——他竟然害怕跟咱们大伙儿一起死。"承诺士兵给予他们绅士的身份
情感层面	强调我们"少数幸运"个体之间的"手足之情"
精神层面	在这里创造了一个新概念："圣克里斯宾节"，并用故事详细地描述庆祝它的画面，把当下与未来连接了起来，向大家展示了庆祝节日时的自豪和美好，使大家发自内心地由衷向往

我们再来看亨利五世运用意义给赋在下属认知方面形成的参照系，如表 11-3 所示。我们看到，士兵中普遍的观点是：他们希望能吃饱肚子，平安回家，他们的评价是以生存是否有保障来看待这场战争的，如此，这场战争对个人来说可能就意味着将带来一种"损失"。但是，亨利五世在演讲中重新引导士兵们看待这场战争：这场战争是获得绅士身份和荣誉的机会，那么，大家评价这件事就会更看重其中的荣耀和与亨利王的特殊友情建构的过程，如此来看，这场战争成为一场难得的圣战，是一种"获得"过程，大家愿意拼死一搏。

表 11-3　领导的意义给赋——即"参照系"情况比较

参照系	官兵中弥漫的观点	亨利五世演讲的观点
评价标准	生存保障	荣耀一生、特殊友情
引导关注点	吃饱肚子、平安回家	获得绅士身份和荣誉的机会
得与失	失	得
下属认知感受性	苦难之战	一场圣战
	⇩	⇩
	消极框定	积极框定

（三）亨利五世战前动员的和谐意义给赋系统分析

要想扭转颓势激励士兵奋勇抗敌，不可能只是领导者说一说就能达到效果。我们知道领导的有效性取决于领导者、被领导者和情境之间的协调一致性，但这种系统特性如何才能体现出来？本书根据和谐管理理论所提出的和谐意义给赋系统，主要用于说明领导者如何通过给赋现实情境以特定的意义从而来影响下属对于情境的认知。具体来说，它是围绕"和谐主题"，以"和则"与"谐则"进行双规则的"耦合"来应对不确定情境的意义给赋（图 11-3）。和谐意义给赋系统涉及的要素中，"和谐主题"即领导对情境主旨的框定，它反映着领导者对任务目标的设定与注解；"和则"即在实现目标的过程中的临场发挥与现场展示会影响到信息接受者认知的过程，在这个方面领导者需要做到的主要是行为示范与互动反馈。"谐则"是在实现意义给赋目标的过程中，需要提前规划和设计准备工作，与"和则"正好形成相互匹配的过程。和谐意义给赋系统中的"耦合"，即信息的发出者针对情境、对象等因素在"和则"与"谐则"之间的权宜处理，其目的是最终达到意义给赋。

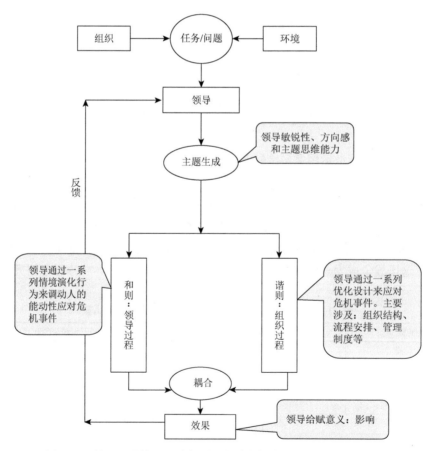

图 11-3　基于和谐管理理论的领导扭转危机中的意义给赋系统模型

基于和谐意义给赋系统，我们来系统分析亨利五世在阿金库尔战前的做法：在开战前夜，亨利五世到营地里视察了士兵的状态，了解了士兵们的真实情况。他识别出此时的"和谐主题"就是要鼓舞士兵的斗志，带领他们打胜仗，他们毫无退路可言。在能动致变的"和则"方面和"领导语言框定"方面主要是他的战前动员演讲，他把这场战争喻予为"一场圣战"；"榜样示范"方面，则是他在整个战争过程中一马当先、身先士卒；在"互动反馈"方面，有几次典型的互动过程。

在优化设计的"谐则"方面，亨利五世进行了一系列的军事部署和安排：一是组织设计方面，人员的委任和分工；二是管理流程方面，部队作战的计划、赏罚分明的奖惩制度、资源供给与分配；三是典礼与仪式方面，战前的祈祷、热吻大地等。

在"耦合"要素方面，我们可以看出这场以少胜多的战争所涉及的情境因素。

第一，领导特征：亨利五世有坚定的信念和视死如归的大无畏气概。

第二，下属特征：追随亨利五世的士兵，在前期的战争跋涉中历经血战，积累了一定的作战经验和本领，此时，他们已是别无退路，虽然物资匮乏，但这一仗也是在所难免，只能义无反顾地战斗。

第三，情境因素：敌军虽然具有人数众多、装备齐全、士气高昂等诸多优势，但也存在着一些不利因素，如敌军将领的傲慢和轻敌等。

第四，在地理位置上，战场恰好处于一个狭长地带，使得两军展开的是一场肉搏战，所以法军厚重严实的铠甲在肉搏战中反而成了累赘。

综上，我们可以看到，在领导和谐主题中亨利五世所表达的决一死战的信念，以及在"和则"的领导过程中亨利五世的言行都表现出视死如归的一致性；在"谐则"的组织过程中，无论是用兵布阵，还是典礼仪式都显示出要全力以赴地打赢这场仗，各方面的耦合度非常高，所以最终实现了以少胜多的结果。

（四）案例小结

在面临极端困境时，领导者起着极其重要的作用。领导者若想激励下属实现预定的目标，关键不仅要看领导者说了什么，还要关注其做了什么以及怎么做的。

本节以亨利五世领导阿金库尔战役为例来分析，在极端不利的情形下，亨利五世通过自己的所作所为改变其下属对于战争的核心信念，并取得了最后的胜利。亨利五世的做法正好体现了意义给赋的系统干预举措，影响者不仅可以通过亲力亲为的方式来影响下属，还可以通过组织管理机制来影响下属，所有这些方面恰好说明了和谐意义给赋系统中要素协同的运行特征。

本 章 小 结

通过意义给赋来影响个体发生改变，在某些时候也许是一个复杂工程，影响者可能需要调动语言或非语言的各种干预措施来实施统合影响。本书提出了一种基于和谐管理理论的"和谐意义给赋系统"，它强调当沟通主体在影响下属对情境的认知时，并非单纯强调沟通主体语言技巧的运用，更是一种沟通主体对自身特色的调动，同时需要综合考虑对各种可控方式的组织，在针对具体管理对象和情境的基础上进行权变，以达成最终耦合的有效沟通过程。

意义给赋系统干预的基本思路是：多措并举，协同发力。这里的系统干预路径是指：针对"和谐主题"的目标设定、"和则"干预中影响者的言行表达方式，以及"谐则"干预中对组织过程设计的多方面的"耦合"。

思考与练习

1. 请结合自己的工作和生活实际，谈谈为什么意义给赋是一种系统干预。

2. 如何理解"和谐管理理论是一种系统理论"？请分别谈谈和谐管理理论有几个核心要素，它们具有什么特征。

3. 请论述什么是基于和谐管理理论的意义给赋系统。

4. 意义给赋系统的干预基本思路是什么？请举例说明。

5. 意义给赋系统的干预路径有哪些？可结合本章所展现的领导者扭转危机的路径来理解。

第十二章　意义给赋的系统干预在具体管理实践中的运用

第一节　在与对立方沟通中的运用

在人际互动的影响中，双方的立场非常关键，一般来说大致有三种情况：第一种情况，双方立场一致。比如，双方都是为了把一件事做好，这时来讨论如何分工以及应对策略等，双方会本着一种积极配合的态度，相互之间的容忍度较高，一切都是好说好商量的。第二种情况，双方各自中立，即双方都持有一套自己的思路想法，且双方的观点虽有共同之处，但也存在分歧，这时就需要双方开展说服工作，找到大家都能认可或接受的共同的观点或主张。第三种情况，双方立场完全对立。这可以说是最困难的一种沟通影响情境，我们把其称为"与对立方的沟通"，本节专门以这种沟通为例，来看人际沟通影响的特定规律：站位一致—中立—站位对立。

在生活和工作中与对立方的沟通是经常会碰到的一种情况：工作中上下级之间、跨部门同事之间、销售员与客户之间、夫妻之间、家长与孩子之间等，当人际互动的两个主体分别扮演不同角色时，角色的目标、功能、利益的不一致，都有可能产生与对立方的沟通情境。

本节选择一个经典的历史故事（案例 12-1），具体介绍应对此种情境的处理技巧（尚玉钒，2012）。

📝 案例 12-1：触龙如何说服赵太后把她儿子送去当人质？

赵太后刚刚执政，秦国加紧攻赵。赵国向齐国求救。齐国提出条件：一定要把长安君作为人质，才肯派兵。赵太后不肯答应，大臣们极力劝说。太后明白地对左右的人说："有哪个再来劝说要长安君为人质的，我就要把唾沫吐在他的脸上！"

此时，沟通双方陷入僵局，大臣们极力劝说反倒引起了赵太后的反感，他们的努力之所以失败主要在于：他们的沟通是希望"赵太后能用理智战胜情感"，但这对于爱子心切的赵太后来说真是痛如割肉一般。

此时，左师官触龙要求觐见，当时的沟通情境对于触龙来说十分艰难：①前期其他大臣沟通失败，使双方矛盾加剧；②赵太后是他的上司，从地位和权限上来说，都不具有明显的优势；③前线战势情况紧急，没有太多可以回旋的余地。

下面，我们来看左师官触龙是如何成功完成沟通说服任务的。

一、《触龙说赵太后》中的和谐意义给赋系统分析

对此经典历史故事的分析见表 12-1。在本案例中，"和谐主题"就是说服赵太后把长安君送去当人质，以达到齐国出兵救赵的目的。虽然这个主题目标在当时来看是非常难以实现的，因为许多大臣都极力劝谏过，并且惹恼了赵太后，但触龙作为一位老臣，他还是需要再去努力劝说的。

表 12-1 对立双方沟通的和谐意义给赋系统的示例分析表

和谐主题：说服赵太后，送长安君当人质		
谐则：优化设计	（白话原文）	和则：能动致变
第一步：消除对立情绪	左师官触龙希望觐见太后，太后气冲冲地等着他。触龙来到宫中，慢慢地小跑着，到了太后跟前谢罪道："老臣的脚上有毛病，竟不能快步走。好久没见您了，我私下原谅了自己。但怕您玉体欠安，所以想来见见您。"太后道："我靠车子才能行动。"触龙又问："每日饮食该没减少吧？"太后道："不过吃点稀饭罢了。"触龙说："老臣近来很不想吃什么，却勉强散散步，每天走三四里，稍稍增加了一些食欲，身体也舒畅了些。"太后说："我做不到啊。"太后的怒色稍稍地消了些	触龙用有病的脚小跑到太后面前谢罪，引出向太后问安话题。通过对运动与饮食的关心，提醒太后注意身体。（铺垫工作）
第二步：达成心理认同	触龙又说："老臣的贱子舒祺年岁最小，不成器得很，而我已经衰老了，心里很怜爱他，希望他能充当一名卫士，来保卫王宫。我特冒死来向您禀告。"太后答道："好吧。他多大了？"触龙道："十五岁了。不过，虽然他小，我却希望在我没死之时把他托付给您。"太后问道："男子汉也爱他的小儿子吗？"触龙答道："比女人还爱得很哩！"太后答道："女人格外疼爱小儿子。"	用自己托孤，来表明天下父母都会疼爱自己的孩子。（引导话题）
第三步：建立新的认知框架	触龙说："我私下认为您对燕后的爱怜超过了对长安君。"太后道："您说错了，我对燕后的爱远远赶不上对长安君啊！"触龙道："父母疼爱自己的孩子，就必须为他考虑长远的利益。您把燕后嫁出去的时候，拉着她的脚跟，还为她哭泣，想着她远嫁，您十分悲伤，那情景够伤心的了。燕后走了，您不是不想念她。可是祭祀时为她祝福，说：'千万别让她回来。'您这样做难道不是为她考虑长远利益、希望有子孙能相继为燕王吗？"太后答道："是这样。"	通过比较对燕后与长安君的爱，引出疼爱孩子的新思路："疼爱孩子就必须为其长远考虑。"（主题框定）
第四步：在新框定下，提供充足的说服证据	左师官触龙又说："从现在的赵王上推三代，直到赵氏从大夫封为国君为止，历代赵国国君的子孙受封为侯的人，他们的后代继承其封爵的，还有存在的吗？"太后答道："没有。"触龙又问："不只是赵国，诸侯各国有这种情况吗？"太后道："我还没听说过。"触龙说道："这大概就叫作：近一点呢，祸患落到自己身上；远一点呢，灾祸就会累及子孙。难道是这些人君之子一定都不好吗？但他们地位尊贵，却无功于国；俸禄优厚，却毫无劳绩。而他们又持有许多珍宝异物。（这就难免危险了。）现在您使长安君地位尊贵，把肥沃的土地封给他，赐给他很多宝物，可是不趁现在使他有功于国，有朝一日您不在了，长安君凭什么在赵国立身呢？我觉得您为长安君考虑得太短浅了，所以认为您对他的爱不及对燕后啊！"太后答道："行了，任凭您把他派到哪儿去。"	用赵国上推三代以及诸侯各国的后代继承的例子，说明要让孩子们有劳绩，才能赢得权势。（榜样示范）
耦合：考虑对象身份、年龄、时间和地点等特征		
效果：于是为长安君准备了上百辆车子，到齐国当人质。齐国于是派兵救赵		

"谐则"是左师官触龙对于整个沟通过程的优化设计。我们可以想象，触龙去觐见赵太后，绝不是见了面随便说上几句话就能达到效果，他在去觐见之前，必定经过了

反复推敲，在脑海中不断地预演他们的对话情境、双方可能的互动过程，并反复优化自己的说服引导流程。在触龙与赵太后的具体交流中，我们认为这一过程可以分解为四个阶段。

第一，消除对立情绪：触龙一见面并没有直奔主题，而是先聊家常，关心赵太后的饮食起居，通过这种开场的问安，打消赵太后心中的对立情绪。

第二，达成心理认同：触龙引出一个话题是自己把儿子托付给太后，来让太后认识到"天下父母都是疼爱自己的孩子的"。

第三，建立新的认知框架：触龙没有与太后纠缠要不要送儿子去当人质的问题，而是引出太后更爱女儿还是儿子的问题，让太后的思维进入一个全新的地带，去思考"到底什么是父母对孩子的爱"，在此基础上构建一个新的认知框架——"父母疼爱孩子就是要为其考虑长远利益"。

第四，在新框定下，提供充足的说服证据。触龙用赵氏上推三代，以及其他诸侯子孙相继为王的结果为例证，来证明自己的观点，直至太后接受自己的观点，同意"送长安君为人质"。

我们可以看到，这里"谐则"的安排非常严谨而巧妙，一环紧扣一环，任何一环错位都不可能实现触龙成功说服赵太后的效果。

二、触龙与其他大臣的劝说沟通特点对比分析

这里，我们分析触龙相较于其他大臣在劝说赵太后时为何产生了完全不同的效果（表 12-2）。从两类参照系建构的差异来看，意义给赋之所以能产生良好的沟通效果的关键在于其意义给赋框架在沟通对象大脑中形成了完全不同的认知参考系，从而影响沟通对象自身的认知感受性差异。

表 12-2　触龙与他人说服赵太后的意义给赋——构建"参照系"情况比较

参照系	其他大臣的观点	触龙陈述的观点
评价标准	国家存亡而非儿子生死	大爱
引导关注点	国家的利益	孩子长远的利益
得与失	失：失去儿子的风险	得：让儿子获得继承王位的资本
对象认知感受性	难以接受	认同
	⇩	⇩
	消极框定	积极框定

从两类沟通内容上我们可以看到，触龙所给赋的意义主要强调对孩子的"大爱"，这

样引出的关注点是考虑"孩子长远的利益"，于是即便把长安君送去当人质也是为了让其得到锻炼，如此，如果不让孩子去，对赵太后来说无疑意味着一种"失去"。因此，这种意义给赋比较能得到赵太后的"认同"。其他大臣的极力劝阻却不同：他们希望赵太后用理智战胜情感，为了国家应该牺牲自己的孩子，但这对于一个母亲来说太残忍了，他们引出的关注点是"国家的利益"，评价标准是"国家存亡而非儿子生死"，如此，把孩子送去当人质，对赵太后来说就意味着有失去儿子的风险，这对于赵太后——一位母亲来说当然是难以接受的。

三、人际交往中对立双方沟通规律的总结

通过对和谐意义给赋系统的分析，我们可以看到：在处理对立方沟通时，不能只考虑"说什么，怎样说"的问题，虽然表达的语言框定非常重要，但若只考虑这个因素是不充分的，往往达不到很好的沟通效果，而是应该从一个系统高度来认识沟通情境，只有这样才可以更好地驾驭系统的各个要素以实现预期的效果。

基于系统观的和谐管理理论，其特点就是帮助我们"既见森林又见树木"，把对于沟通影响过程的全局优化（如流程设计）和对于情境的应变处理（如框定主题、行为示范等）结合起来，从而引导沟通对象对情境产生全新的认知，使其能驾驭各要素以便对被影响者进行全方位的意义干预，从而有效改变被影响者的核心信念，进而影响其行动意愿。

我们可以想到，在这种对立双方的人际影响情境下，单纯考虑"谐则：优化设计"只会显得教条，而反之亦然，若不考虑步骤程序，只考虑通过自身言行的"和则：能动致变"的说服也是难以发挥作用的。这里，我们总结出一些经验，如图 12-1 所示，现实组织情境中，面临与对立方沟通时，可从以下几个方面着手。

第一，沟通主体审时度势，了解工作任务所处的组织氛围和外周环境，以明确自己希望达成的目标，即和谐主题，这就为整个任务的开展定下了方向和基调。和谐主题各不相同，就像我们选择旅行目的地一样，不同的主题会把人引向不同的方向。

第二，在与对立方沟通时，可以遵循"谐则"（优化设计）的四个步骤来把控沟通进程和节奏。具体来说：一是消除对立情绪；二是达成心理认同；三是建立新的认知框架；四是在新框定下，提供充足的说服证据。需要注意的是，这四个步骤的顺序很重要，它一步步的设计都是一个让影响对象情绪平复和观念开放的过程。假如其中少了任何一步，或把四个步骤顺序颠倒的话，都可能会严重影响沟通的效果。

第三，在处理与对立方沟通时，要兼顾"和则"（能动致变）的展示要点，如主题框定、榜样示范和互动反馈等，来使沟通过程更丰富和更灵活。其中，主题框定是对和谐主题的注解，提出一种独特的价值主张，给沟通情境带来一种不一样的理解方式，给当事人的思维带来更多可能性；榜样示范和互动反馈则是围绕主题框定不断提供例证来加强说服的过程。这里，影响者所具备的语言与非语言表达技巧即可派上用场。

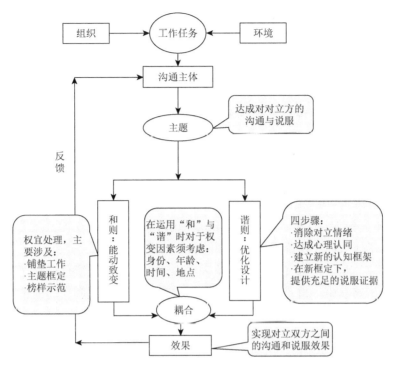

图 12-1　基于和谐意义给赋系统的对立双方沟通过程示意图

第四，在此类沟通中还要注意"耦合"，即考虑其权变的因素，如沟通人的身份、年龄、选择适宜的时间和地点等，以使"谐则"与"和则"协调一致，共同产生期望的新意义赋予，以最终促成沟通和说服效果。

第二节　在项目路演中的运用

在鼓励创新的时代背景下，越来越多的人想通过创业做点儿事情。加之，各级政府部门也在组织各类创新创业大赛，如全国"互联网＋"大学生创新创业大赛等，各大学都设有创新创业中心等，创业者内在的热情和外在的环境催生了很多的创新型企业。这种大背景下，好的点子就较易转化为项目，而好的项目常常需要寻找投资人，这就对项目路演的要求提高了。但如何做好项目融资路演以打动投资人，使他愿意为你的项目注资？本节主要讨论如何基于和谐意义给赋系统来做好项目融资路演。

一、成功的项目融资路演是一个系统工程

对于初次接触项目融资路演的人来说，都会急于追问："我该讲些什么呢？"大家十分希望有一个"路演模版"可以套用。一些路演辅导者则认为，要站在投资者的立场，把投资人关心的问题介绍清楚，如目标市场、市场容量、用户痛点、解决方案及其优势、

管理团队、未来发展计划等。还有一些人认为，路演要围绕项目优势把项目独特的价值展现出来。

在看到一些有优势但最终展示却不是很理想的项目时，我们认为：项目路演是一个系统工程，它并不是几个要素的优势展示，也不单是项目自身的价值问题，更不是路演者的演讲魅力问题……在我们看来，项目路演的效果可能更是通过路演者的语言表达与电脑辅助展示工具，在路演者状态调适下的系统优化与整合过程。

从本质上来看，一个项目融资路演就是一场针对特定公众的商务演讲，所以这就与一般的人际影响与沟通类似，也涉及对"沟通有效性"理解的两个境界。

第一，仅理解为"我说清楚该说的内容"，即路演者仅汇报项目的核心内容。

第二，"不只看你说了什么，更要看听众理解到了什么"，在项目融资路演中并非只看路演者展示了什么，更要看观众理解到的项目的意义是什么。

我们更关注的是，从意义给赋的视角来看沟通主体对特定事件所赋予观众的意义如何。在项目融资路演中，重点应关注路演者通过符号形式传递和交流的信息赋予了项目何种意义和价值。

我们把项目融资路演过程视为一个"意义给赋"过程。所谓"意义给赋"关注的是"特定的群体如何去影响其他人对于事件的理解"（Gioia and Chittipeddi，1991）。在这里，就是指路演者如何通过舞台上的讲解来影响观众对于所推介的项目价值的理解。一个融资项目在路演时需要介绍的内容繁多，但路演展示会上每个项目常常只会给定路演者 6～10 分钟的时间，所以如何在有限的时间内把一个内涵丰富的项目说清楚，展示哪些内容才可以更好地让观众了解项目的价值，以及特定的信息应该如何呈现等至关重要，这正是一个意义给赋的过程。我们认为，这个意义给赋过程并不是内容或形式、路演者等某个单方面因素起作用就行，只有从一个系统赋意的高度才可以更好地理解项目路演的有效性问题。

本节的分析着眼于"路演"这个系统的构成要素。本书认为，一个完整的"项目路演系统"至少由三个要素组成，如图 12-2 所示，它们分别是路演项目的自身价值、路演者的个体特征和路演情境的现场调适。其中，在项目路演中，展示"项目的自身价值"就在于表达清楚项目的目标人群、市场潜在容量、竞争格局、发展潜力、管理团队、盈利模式等内容。"路演者的个体特征"主要是指路演者在讲解项目时，其讲解的口头语言和非语言特征。"路演情境的现场调适"是指项目路演时，演讲者是否可以根据现场评委和观众的情况来调整自己的演讲状态，使自己的讲解能发挥良好。

在一场项目路演中，路演者只有充分地驾驭好这三方面要素，使各方相互配合，才能奏出一曲和谐的"乐章"，以实现项目路演期望的展示目标。因此，那些简单地强调路演内容关键点的说法是不全面的，而对于强调展示项目独特价值主张的观点来说，也只有实现了这三方面的统一才可以真正得以体现。

在我们所经历和研究的 200 多个案例中，有些问题来自路演者自身。譬如，路演者在讲解项目时语言表达不清楚，该项专利归属权属于母公司还是新成立的分公司，让人产生疑惑。还有些问题来自项目本身，如路演时没有清晰地介绍项目的竞争对手与竞争形势，使观众无法判断项目的价值。还有些问题来自路演者现场情境的驾驭能力，如临场发挥不自信，在讲解时表现得局促慌张，这也会让观众产生不信任感等。我们可以发现，任何一方的疏漏，都会影响路演的总体效果以及预期目标的实现，所以，在项目路演时，一定要持有一种系统观，以防任何一方的疏漏而影响到路演的效果。

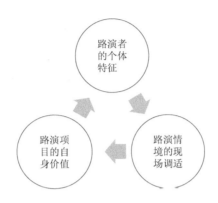

图 12-2　路演系统构成示意图

二、如何理解项目融资路演系统：介绍一个独特的系统理论

如果我们接受项目路演是一个意义给赋的系统，那么，如何来分析和解构这个系统才可以更好地帮助我们实现路演目标？前人有许多系统理论可供我们参考，但本书在这里还是依据和谐管理理论，因为它是一种能帮助我们系统地思考与分析问题的工具。

和谐管理理论主张围绕"和谐主题"，通过"优化设计"控制机制的"谐则"和"能动致变"演化机制的"和则"，来实现双规则的"耦合"。其中，"和则"指的是随机应变的成分，也就是在系统中需要随着问题态势的发展临场发挥的部分。与项目路演相对应的，路演过程中的路演者站在舞台上语言及非语言表达的内容就具有这样的特征（图 12-3）。"谐则"指的是优化设计，是系统中可以计划与提前准备的部分，在涉及项目融资路演时，这自然让我们想到的就是幻灯片，即 PPT 的内容和形式，这些都是在路演者上场前需要事先仔细优化和推敲而得以确定的部分。

本书将和谐管理理论的系统思想引入项目路演中，即认为项目路演也是一个系统，它也追求在各路演子系统要素之间达成统一协同。具体来说，这里所指的基于和谐意义给赋的项目路演系统包括四个部分（尚玉钒，2019）。

第一，所谓"和谐主题"，是指项目路演的核心，即项目自身所锁定市场上的"用户痛点"或本领域业界待解决的瓶颈问题。和谐主题是一个项目的价值基础，也是路演者在整个讲解过程中需要展示的主旨内容。

第二，所谓优化设计的"谐则"，主要指路演项目的内容展示，它通过事先设计和构思，凝结在 PPT 的项目价值展示内容和 PPT 的展示形式中，这是系统可"优化设计"的部分，是路演者在准备阶段可以不断修正完善的部分。

第三，所谓能动致变的"和则"，主要是指路演者自身的路演风格，涉及路演者在场上，运用口头语言和非语言而展现出来的演讲风格，这是系统"能动致变"的部分，需要路演者在登台后根据现场情境进行灵活的应对。

第四，所谓"耦合"，主要是指通过路演者自身演讲状态的调整来驾驭情境的相关要素，具体表现为路演者自信心程度、身体模式、热度等的状态调适。

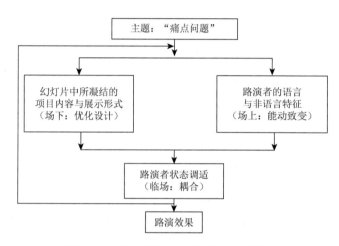

图 12-3　项目融资路演系统构成及其特征

总之，根据和谐管理理论，我们认为项目路演恰好符合这种系统观，即在锁定市场和待解决问题这一主题基础上，还需要路演者不断调适路演状态以达到预期效果。

由和谐管理理论来审视一个项目融资路演，我们可以看到这样一种逻辑关系。

首先，项目路演是一个由路演者自主驾驭的多要素互动系统，其中任何一个方面有疏漏都会影响系统最终的目标效果。在一场项目路演中，该系统至少涉及三方面要素，其中路演者为其主体、路演项目为其客体、路演现场则是其情境要素，而所有这些都是由路演者驾驭和掌控的。个体的演讲水平、PPT 提炼展示能力和路演现场的应变能力等，都依赖于路演者个人的多方把握、综合调控，这正是一个很好的自组织系统，路演者把自己对项目的理解体现在 PPT 的展示中，又运用自身所具备的语言和非语言特质进行讲解，辅之路演现场中路演者自身状态的调整以及与投资人等听众之间信任与好感关系的建构。

其次，项目路演系统的有效性体现在围绕"用户痛点"的项目价值的 PPT "优化设计"与路演讲解时语言与非语言表达"能动致变"，并与演讲者的自身信心状态调适过程相"耦合"，共同发挥作用。在这里，"和谐主题"是指项目价值的靶心——项目锁定的"用户痛点"或待解决的瓶颈问题；"谐则"是指路演者对项目价值的 PPT 展示，具体表现为路演者提炼项目价值呈现出来的 PPT 内容和 PPT 形式；"和则"是指路演者对项目价值的解说，具体就是路演者演讲中的语言和非语言特质的展示；而"耦合"则是指路演者需要调控的情境变量。

最后，项目路演最终的效果也取决于各要素之间的协同作用。一个项目路演不只是看几个孤立的项目价值点展示出来没有，有没有形成严密的自我逻辑，而是看系统各要素之间是否协同匹配，能否使路演得以表达出价值、形成好感、建立起信任、展示出真诚，并最终能否使观众产生青睐此项目的投资兴趣和意向。

三、不容忽视的项目融资路演系统核心构件

项目路演是一个有机的系统，这个系统的各子系统之间只有协同耦合才能最终取得预期的路演效果。本部分，我们将具体介绍项目路演系统中各子系统的功能和特性。

（一）项目路演的逻辑起点——"痛点问题"

任何一个路演项目都要有一个清晰的定位，这个定位不只在于项目本身有多好，更是需要明晰项目锁定的"用户痛点"或待解决的瓶颈问题，也就是要清楚明了项目所要服务对象的"用户痛点"是什么，或是项目拟解决的瓶颈问题，此后项目的其他介绍内容都是为了说明这个项目锁定目标的价值和实现的可能性的，所以本书认为，"痛点问题"是一个项目的逻辑起点所在，在和谐管理理论中我们称之为"和谐主题"。

"痛点问题"的定位决定着项目所提供产品或服务的目标群体以及其未被充分满足的需要。这个"痛点"无论是来自市场用户的，还是来自行业发展瓶颈的，只要抓住"痛点"，就决定着该项目具有发展潜力。

在项目路演中，要尽早明确告诉观众项目路演的逻辑起点，在提出解决方案之前先告诉目标群体的根本痛点问题之所在。可以先为目标群体画出一幅生动的画像，指出其"痛点"，并剖析"痛点"产生的原因，然后再提问："为什么我们需要这个？"花一点时间，详细描述问题，使其具体化，并具体分析其"痛点"。需要注意的是，项目路演时，观众可能并不太关心项目的产品或技术，他们更关心项目所提供的东西是否能解决他们认为有价值或亟待解决的问题。

根据和谐管理理论的系统提示，设定和谐主题是项目路演准备的重要环节，它将给整个路演定调子、定方向。后面所有的"谐则的优化设计""和则的能动致变"都是围绕主题来组织素材的，并最终通过"耦合"来协同发挥作用。

"痛点问题"的识别与定位对于一个项目来说至关重要，从商业成功的范例中我们可以看到，如星巴克的创始人霍华德·舒尔茨就认为：他创建星巴克不只是为顾客提供消费一杯咖啡的场所，而是旨在创造一种体验、一种身处"第三空间"的感觉，即一个令人感到舒适的、家庭和办公室之外的"第三空间"。这是舒尔茨的一个伟大的创意，这个主题定位也成就了星巴克。

可见，我们所谓的和谐主题的设定即是锁定"痛点问题"，也就是通过项目陈述其所确定项目能提供产品/服务/技术是针对"谁"或解决"什么问题"的，也只有这样才可以界定清楚自己所在的领域的可能需求点或突破点。如果市场或领域的痛点解读错误，如所预设的"用户痛点"不存在，或对业界瓶颈问题把握不准确，那么整个项目都会被误导，就好比射箭时把靶子瞄歪了，自然难以取得预期的效果。

（二）项目路演内容：幻灯片所呈现的展示内容与形式

项目路演内容就是我们所要展示的有关项目的诸多要素，即涉及在 PPT 上所展示的有关文字、图片、动态素材、统计数据等信息，按照一定的顺序组织在一起从而表达某种意义。这里，我们主要指的是所有反映项目价值的 PPT 展示内容和 PPT 展示形式。

1. 项目路演的 PPT 展示内容：项目价值呈现

项目路演应着重展示项目自身的价值，但不同于一般的公务演讲，可以自设新颖的话题或提出独特的主张，项目路演以遵循投资人的心理接受规律来讲述项目的价值。阿特金森在 *Beyond Bullet Points* 一书中认为，"在开始制作 PPT 文件之前，你能做的可以显著提升演讲效果的最最重要的一件事就是——给别人讲述一个动人的故事"。路演中所安排和设计的故事情节是影响观众判断项目价值的关键。对于项目路演的观众来说，他们并非只关注项目本身有多好，更多关注的是项目有市场优势，即能体现出这个价值的出发点，即痛点定位，由痛点的现有状态可以看到未来的发展前景，并判断解决方案的优劣，这则预示着它将不是自由叙事体，而是具有其特定的结构逻辑的。

如图 12-4 所示，对于项目路演的结构逻辑应该是：首先，为什么要做该项目？能引起投资人关注的是发现一个"用户痛点"，而这个"用户痛点"在人群中比较普遍，而且急需解决；接着，需要说明解决方案，包括说明项目的解决方案有什么特色，同行现

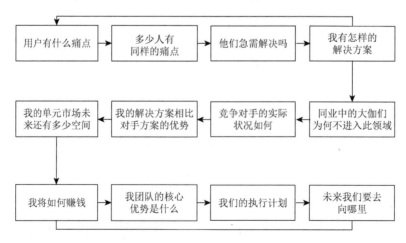

图 12-4　商业逻辑图

资料来源：王凤范. 2016. 融资路演——成功融资的路演实战图解. 北京. 中国经济出版社

有的解决方案如何，竞争对手的实际状况怎样，自己的解决方案与对手的方案相比有什么优势，并判断这个市场的存量是否足够大；继而，阐述如何运营该项目、盈利模式，以及项目团队的构成优势、具体的执行计划，最后阐明融资需求以及未来的计划和打算（班德勒和葛瑞德，2014）。

2. 项目路演的 PPT 展示形式

项目路演的价值是可通过 PPT 等多媒体工具展示出来的，它可以把路演者的项目内容清晰而生动地呈现给观众。通常，PPT 文件所呈现的内容都是提前经过反复推敲，字斟句酌，精心规划安排和布局的。文字、字体、图形乃至背景都可以巧妙地加以设计。

PPT 当然也与路演者自身的风格或品位相关联。这里没有绝对的标准和要求，完全依赖于展示者自身的文字表达和艺术驾驭能力。马克在其《舌行天下：上台演讲及当众讲话实战技巧》一书中总结了 PPT 的表现手法，认为在项目路演中要重点关注如下方面：①文字，精简到只保留关键字，以便观众用眼去"瞟"而不是"读"；②图片，让人赏心悦目；③表格，富有逻辑性，体现专业性；④动画，让人形成身临其境感；⑤道具，恰如其分的适宜性，可根据项目特点选择是否携带实物或模具等登台（马克，2015）。在进行多媒体演示时，多余的、无关紧要的信息越少越好。但现实情况是，大多数展示者却总是试图在一张 PPT 上放置过多的信息内容，这里要根据主题的需要来安排内容，尽量简化自己的表达。

在 PPT 展示形式方面，现有研究表明：在使用多媒体做演讲时，采用文字和图片相结合的方式，比分开单独演示效果要好。而且，可视化的表现形式可以更强有力地表达展示者的思想。但如果一张幻灯片中需要有较多的功能信息展示时，就需要运用 PPT 强大的动态展示技术。我们常会看到，当路演要表达一个完整的生态链或流程图时，最好的展示方式是分阶段呈现，伴随路演的解释顺序一个接一个地呈现给观众，最后得到一幅全貌图。我们需要遵循的基本原理是：观众不愿意在试着找到屏幕上的认知资源的位置上浪费时间，否则观众可能很快会疲惫。这里还包括实物，如道具，这些若能在项目路演中加以适当地应用也会产生强有力的说服效果。在项目路演中，通过灵活地使用实物道具，可以使原本枯燥的展示变为有趣的、多感官的观众体验。

这里的 PPT 展示内容与展示形式都需要进行精心设计，才可以为后续的成功项目路演讲解打下基础。因为，这里展示的东西都会凝结在 PPT 上，它也引导着项目路演的逻辑线索，起到为展示者提供文字说明和内容提醒的作用。在完成这项活动的时间安排上，南希·杜阿尔特建议展示者可将最初的 2/3 时间用于研究专题、收集素材、组织观点和思路、与同事合作以及勾勒出故事的轮廓，而把最后的 1/3 时间用于制作幻灯片（杜阿尔特，2021）。

（三）项目路演风格：路演者的语言和非语言特色

除了那些事先可以准备的、凝结在 PPT 中的项目价值的内容呈现设计之外，还需要关注涉及路演者临场发挥关键要素部分，一是口头语言表达，二是非语言表达。在 PPT 展示的结构设计初稿出来以后，就可以开始关注如何讲解以便能把所有的 PPT 内容顺畅地连接起来，同时很好地向观众传递出项目的价值主张，以实现意义给赋的目的。在准备项目路演时，应特别关注如何围绕主题将凝结在 PPT 中的内容清晰且巧妙地讲解表达出来。

当然，从顺序上看，这里一般先是进行语言文字串词的准备，再在演练时进行非语言表达的配合。这里需要关注的问题如下所述。

第一，如何引出问题，才能让观众感兴趣。

第二，如何介绍产品或项目，才能让观众更好地理解和认同。

第三，如何解说内容，才能让观众产生信任感。

第四，如何呈现信息，才能让观众印象深刻并有感染力。

……

1. 口头语言表达

与其说观众在看项目路演 PPT 内容，倒不如说在看项目路演者的现场“表演”，PPT 只是一个辅助表达的工具而已，路演者的讲解才真正诠释着路演项目的价值。因此，能更好地讲解凝结在 PPT 上的项目信息，才是在清晰地表达和传递项目的价值。

口头语言表达是给项目展示的 PPT 注入活力的关键，路演者的开场白是否能让观众有代入感，从而引起其关注的兴趣，路演者是否可以清晰地讲述庞杂的数字表格后面所蕴含的趋势和规律，路演者是否可以把抽象的流程图讲解得鲜活而生动等，这些都体现着项目路演者口头语言的驾驭能力。

在我们所研究的路演案例中，有些项目的 PPT 做得非常精致，但路演者却讲得含糊不清，或者表达前言不搭后语，或者表达不出重点，或因内容不熟悉而讲解得吞吞吐吐。相反，一些项目路演的 PPT 做得简单朴实，但路演者却可以通过自身口头的演绎，道出一个娓娓动听的“故事”，让他人看到项目的潜力并感受到创业者的专注与执着。

2. 非语言表达

在项目路演中的非语言表达主要是指路演者的声音（语调、音色等）、体语（肢体语言、面部表情、仪表容貌等）。

美国著名心理学家艾伯特·梅拉比安在《无声的信息》一书中，研究了表达和交流的技巧。他发现，肢体语言既是意识、思维的表达方式，也是暗示的表达方式，非语言因素是交流中最具决定性的因素，其次是语调等与语言有关的因素，排在第三位的是实际的谈话内容。可见，非语言表达行为在沟通中具有重要的作用，在项目路演时，常常是一个硕大的舞台只有展示者一人，他将成为台下所有观众关注的焦点，所以路演者在台上的一举一动都会受到观众的关注，并会被理解为一定的意义信息。

在我们研究的案例中，有些路演者的项目本身无可挑剔，但路演人却是带着高傲的口吻，面部表情傲慢、目光瞥视评委和观众等，这会让评委和观众觉得不受尊重；还有些则声音颤抖紧张，眼神飘忽，让人一看就觉得路演者心虚等。在沟通中，我们强调的信息内容部分往往需要通过语言来表达，而非语言则作为提供解释内容的框架来表达信息的相关部分。同样一句话，当我们用不同的音调来表达时，就会产生截然不同的效果，路演者必须学会控制自己的非语言表达系统，以便更好地展示路演项目的价值。

（四）项目路演状态：良好临场发挥的前提

有时候我们一切都准备就绪，路演 PPT 已完善好，路演台词也经过反复演练，但在临场时，我们还是会紧张，精神难以集中，甚至焦急，这些临场的路演状态会严重影响项目价值的呈现质量。

我们认为能够统领路演内容和路演风格的是路演者自己所调整的路演状态。"状态"就是个体感知当下情境的方式，是指当路演者站在聚光灯下时的心理、生理及情感所达到的境况。状态不同的路演者，现场表达也会有所差异。当路演者处于积极的状态时，可以自如地表达项目的价值，体现自己对项目的执着，并细致地关照观众的感情；而当路演者处于消极状态，如恐惧、害怕、患得患失时，个体就会口齿木讷，声音发虚，可能在台上就会手忙脚乱，心里只想着草草了事算了。由此，我们可以看到，这种个体状态特征的差异，对于路演项目的 PPT 内容信息还是语言、非语言的表达效果都会大打折扣，从而严重影响路演现场的效果。

本部分主要从四个方面来谈：身体模式、关注点、自我信念和激情状态。现代的心理科学发现，不同的身体模式的变化可以产生不同的情绪，路演者完全可以像演员登台前一样，通过调整自己的身体模式来改变自己的临场紧张感。有学者认为，"心灵之眼"就是我们平常所说的"关注点"，你自己的选择性注意是关注那些积极的信息，还是关注那些消极的信息，这些关注点的选择会影响到路演者的临场表现。而信念则决定着路演者的路演表现，如果路演者对路演抱着消极的信念，如"我自己太年轻""我是个内向的人不太容易抓住观众的注意力"，那么对路演者来说，这些都会影响路演者的现场表现。在激情状态方面，不是在路演时表现出来激情就可以，经研究发现，项目路演时只是表现出情绪激动是不能打动投资人的，而当路演者表现出一定的认知激情和行为激情时，投资人才可能会对项目的价值和潜力的判断加分。在了解了这几个方面的重要性之后，路演者可以采取一定的方法控制和调整这些要素，使其为自己所服务。

第三节　在求职面试中的运用

一、求职面试过程是求职者的意义给赋过程

在双向选择的人才市场上，面试是求职者必经的一个环节。在激烈的就业竞争形势

下，求职者想找一份好工作的竞争变得非常激烈，如此，求职者如何准备自己的个人简历并在面试中更好地展示自己，对于谋求到一份理想的工作至关重要。

但许多大学生虽品学兼优，却屡屡在面试中被淘汰，被用人单位拒之门外。就和谐意义给赋系统而言，我们在这里所关注的问题是：对于求职者来说，面试中求职者与主考官的对话过程都表现出了求职个体的何种特征？哪些是其临场发挥的？哪些是其需要长期积累的？在表现好与不好的个体之间，这些特征具有何种差异？

本书把求职面试者与面试考官之间的沟通影响过程视为一个意义给赋过程。根据和谐意义给赋系统的理论框架，它强调当沟通主体在影响他人对于情境的认知时，动用了一个系统：它并不单纯强调其语言技巧的运用，而更是一种沟通主体对自身特色的调动，同时需要综合考虑对各种可控方式的组织，在针对具体管理对象和情境的基础上进行整合，以达成最终耦合的有效沟通影响过程。

二、基于和谐意义给赋系统的求职面试各构成部分特征

第一，我们曾做过一个有趣的研究（尚玉钒和刘婷，2013），针对"求职面试者都向面试考官展示什么信息"这样的问题，研究分析两套素材：一是四位学生求职面试模拟环节的录像文本材料，每人面试时间是 20 分钟左右，平均 8～10 个面试问题。二是"世界 500 强公司常见面试题"，共 50 道题，而且这些题都分别有"正确回答""错误回答"两类答案。这个研究素材，有利于横向比较分析求职者在面试中对于同一问题回答的差异性。根据和谐意义给赋系统的理论框架，在对面试对象的录像材料进行类属分析之后，我们发现：四位求职者在和谐主题方面即存在差异，这里，"和谐主题"即求职者对面试目标的预设，如参加本次面试是为了得到这份工作，还是只是积累面试经验，它反映着求职者参加面试的期望值，以及对面试所要达到目标的认知和理解。

第二，在面试过程中，求职者会表现出临场发挥的特点，我们称其为"和则"，它具有能动致变特点，通过分析，这些特征涉及应试态度、表现方式、内容表达特征等方面。

第三，我们透过求职者的面试现场表现，还可以发现影响其面试效果的因素，以及面试前一系列的准备活动，主要涉及自我定位、职业定位、知识经验积累、信息收集、思维水平等，这部分我们称之为"谐则"，即具有"优化设计"的特点，这些需要求职者在面试前就专注去积累或培养才能形成自我特色。

第四，求职者在面试现场针对面试官、面试问题、面试环境、竞争对手等权变因素在"和"与"谐"之间权宜处理，以达到预设的求职目的，这部分即为和谐意义给赋系统中的"耦合"。

概括来看，基于和谐意义给赋系统的求职面试各部分构成及特征如图 12-5 所示。

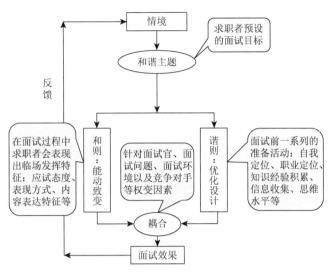

图 12-5　基于和谐意义给赋的求职面试系统构成模型

三、面试中的求职者表现特征及差异分析

通过对"世界 500 强公司常见面试题"（共 50 道）的回答情况进行分析，并对素材进行子类属和类属分析，我们尝试识别在各构成特征中"好"与"不好"之间的差异，研究发现见表 12-3。

表 12-3　面试中个体回答问题时自我表现的内容类属及子类属分析

和谐系统	类属	子类属	表现、频次与举例					
			好的表现	频次	举例	不好的表现	频次	举例
和则：临场发挥	应试态度	积极性	愿意付出努力	3	题16：我的做事原则是，如果我制定了一个目标或者被分配了一项重要任务，我就会尽我所能地努力工作，实现预期的目标	悲观消极	3	题10：很多时候，研究中取得的成绩并不能在实际中得到应用
			勇于接受挑战	2	题19：如果工作中偶尔有些挑战，让我超越自己目前的技能水平，那就再好不过了	缺乏自信	4	题41：我会把所有人叫到一起，确定我们需要完成的任务，然后制定一些目标和计划，最后实现这些目标和计划
			乐观看待问题	2	题33：如果我能重新上大学的话，我不会对这个过程感到那么恐惧……我一定会从这段经历中获得更多的收获	固守成规	2	题33：我不会去刻意改变任何事情
			能够适应变化	1	题25：我认为企业员工也必须适应这种改变，积极主动地规划自己的职业发展			
		稳重性	谦逊不狂妄	3	题48：我确信我还有很多东西要学	敷衍了事	2	题40：我想在将来的某个时候考虑这个问题
			严谨认真	1	题44：如果我能有所改变，就会谨慎地做出早期的决策	狂妄自大	3	题48：这个问题对我来说是小菜一碟，我闭着眼睛都能把它做好
						言语具有挑衅性	3	题20：我敢打赌……题40：我认为做太多的个人计划是荒谬可笑的，不是吗？

和谐系统	类属	子类属	表现、频次与举例					
			好的表现	频次	举例	不好的表现	频次	举例
和则：临场发挥	表现方式	条理性	重点突出	2	题11：从上下级关系来说，我认为最重要的是应该意识到每个人以及每种关系都是不同的	回答模糊笼统	2	题1：我擅长做很多事情
			分情况论述	2	题5：如果有合适的机会，我当然会考虑继续深造。但是，我会认真考虑这件事情，我觉得很多人回学校学习是很盲目的	抓不住要点	6	题2：从长处来说，我实在找不出什么突出的方面，我认为我的技能是非常广泛的
		计划性	有计划性	2	题41：计划的关键是运用系统的过程，首先……其次……接下来……			
		针对性	有针对性回答问题	3	题49：一个成功的经理应该能够及时分析形势，确定合适的战略并采取行动	缺乏针对性	2	题27：我在高中时做了很多演出工作。可以说，那是我最有创造力的一个阶段
			有效阐述关键概念间的联系		题28：虽然规划学习生涯不会像管理高难度工作那么复杂，但是我认为两者之间存在着联系	混淆概念	1	题27：将创造力与创造活动混为一谈
			联系企业需求	1	题19：我认为还有一件事也很重要，那就是我在企业中的作用要与企业目标联系在一起	内容空泛	8	题42：我认为每个人都有相同的期待，都想获得成功，都想在企业阶梯上晋升，都想最终成为企业的领导者
		准确性	用词贴切	7	题50：我能够应付一定量的压力，甚至在有些情况下还可以承受极大的压力。对我来说，应对压力的关键是找到一种方法控制形势，从而减轻压力的剧烈程度	用词容易引起歧义	2	题12：我喜欢尽情娱乐
			把握题目要义	3	题43：关注细节能够将一般性成果转化为优秀成果	答非所问	2	题21："你认为哪些事情对你来说在智力上最具有挑战性？"答："我希望找到的工作能让我运用自己的知识。"
						观点自相矛盾	1	题13：我还从来没有真正遇到过无法与我相处的人，我们总会遇到某个自己不喜欢的人
	内容表达特征	灵活性	正话反说	2	题45：最让我感到沮丧的是一件事情拖得太久	表达方式刻板、缺乏技巧	6	题8：我可以做口头表达，但是说实话，人们并不总是愿意倾听
			机智	4	题2：我最大的弱点是，对那些没有秩序感的人，可能缺乏足够的耐心			
			投其所好	1	题19：我认为还有一件事情也很重要，那就是我在企业中的作用要与企业目标联系在一起			
		个性化	事例典型、具体、有区分度	5	题27：我曾经帮助一个朋友竞选学生会主席。具体地说，我为她创造了竞选舞台，制定了竞选策略，而且想方设法增加她的支持率。比如，我们所做的一件事情是开办免费咖啡屋……	事例不具有普遍性	3	题28：看看Dan Quayle（丹·奎尔，一位美国政治家），他当然做得很好，但他的平均成绩只有C，我不认为成绩能有多大作用

续表

和谐系统	类属	子类属	表现、频次与举例					
			好的表现	频次	举例	不好的表现	频次	举例
和则：临场发挥	内容表达特征	个性化	时间节点清晰	2	题39：不论在长期还是短期，我的个人策略是根据当前目标评价自己所处的位置，然后相应地修改自己的计划。比如，我每五年就制订一项个人计划，这个计划中包含一个总体目标和一系列短期目标。每6个月我就回顾一下自己的进展，然后做出必要的修改。题20：我已经注意到，你们的企业在过去两年中开发了一系列新产品。看起来你们采取了各种措施来开发产品和制定营销战略	采用通用性回答，无区分度	6	题14：我最显著的成就是顺利完成了学业
		见解独特	见解独特新颖	3	题32：我认为，在今天高速发展的世界里，真正的挑战是维持一种平衡意识。通过这种方式，我能够确保在做出决策时，使自己处于最佳状态并且激发创造力	见解缺乏独特性	3	题45：我记得有一句谚语：客户永远是对的
谐则：可优化设计	自我认知	自我定位	务实	1	题23：我花了一定时间考虑自己的目标，想清楚了自己擅长做的事情以及想从工作中得到的东西	好高骛远	1	题23：自孩提时代起，我就梦想自己至少也要成为大企业的副总裁
			有主见	2	题5：如果我发现自己所做的工作确实有价值，而且也需要获得更多的教育才能在这一领域做得出色，我当然会毫不犹豫地去学习	缺乏主见	3	题32：实际上我并没有什么选择标准，我只是完成形势所迫的事情
						贬低别人、抬高自己	2	题43：我觉得有些人根本不知道什么时候应该前进
	职业生涯规划	职业定位	有职业规划	1	题1：从我的经历来看，这是我职业生涯中最适合我的一份工作。（罗列原因）	无规划	1	题40：我想在将来的某个时候考虑这个问题
	知识经验技能	知识经验积累	理论与实践经验相结合	4	题22：我只是一个暑期助理，但是凭我的电脑知识，我能够帮助他们清理系统中的"蠕虫"。这确实令我非常振奋，因为我可以一边做事一边学习	忽视理论与实践的密切关系	1	题5：我觉得实际工作经验比在学校里学到的东西更有价值
		技能锻炼	展示自己处理复杂问题的能力	2	题27：我最有创造性的一个阶段是在大学时，那时我曾经帮助一个朋友竞选学生会主席。实际上，我基本上是在主持竞选活动，具体地说，我为她创造了竞选舞台，制定了竞选策略，而且想方设法增加她的支持率。比如，我们所做的一件事情是开办免费咖啡屋，在这间咖啡屋里，同学们可以听到好听的音乐，并知道我们竞选的职位	暴露能力不足	2	题8：我可以做口头表达，但是说实话，人们并不总是愿意倾听

续表

和谐系统	类属	子类属	表现、频次与举例					
			好的表现	频次	举例	不好的表现	频次	举例
谐则：可优化设计	知识经验技能	技能锻炼	展示自己的潜能	2	题30：我曾经在几份工作中担任领导职务，负责监管工作……	逃避问题	1	题13：我们总会遇到某个自己不喜欢的人，这种人不像其他人一样容易相处，但是我努力忽略这一点
	信息收集	充分性	准备要充分	1	题38：首先，我研究了公司的年度报告；然后，在主要的贸易期刊上查找了有关贵公司的文章；紧接着，我联系了个我认识的人，询问……	只针对考题中的个别题作答	1	题39："你个人的长期和短期目标分别是什么？你是如何确定这些目标的？你准备怎样实现这些目标？"，仅回答"我的目标就是确保自己不落伍"
	思维水平	理性	换位思考	1	题7：假设自己处在他们的位置上，让自己从他们的角度看待问题	论断过于绝对	7	题44：对我来说，所有的事情都很好，因此我确信，如果我始终能正确运用判断力的话，就会不断地取得成功
			辩证思考	3	题28：我认为有能力取得好成绩是很重要的……然而，并非所有人都能在每一个科目上取得优异的成绩……	不够理智	2	题22：我的意思是说，智力化究竟有什么意义呢？把这种工作留给大学教授们去做吧，我更愿意做实际的事情
			系统性思考	2	题15：我解决问题的方式是一个系统过程，这个过程包括收集与问题有关的信息，清楚地界定问题，制定策略以及实施这个策略	不能正确看待问题	2	题5：我觉得实际工作经验比在学校里学到的东西更有价值
			理性做决策	1	题44：如果可能的话，我会谨慎地做出早期决策，比如专业选择、暑假打工、职业安排等			
			批判精神	2	题33：如果我能重新上大学的话，我不会对这个过程感到恐惧，我会更多地向教授提出质疑			
			理性看待问题	1	题47：当别人不赞同我的观点，我会确保有足够的信息来支持自己。一旦我确信自己的观点是正确的，我就会密切关注反对者的具体反对理由。我将从他们的角度看待问题，并以此说服他们。由于互相尊重，我相信我们可以最终达成协议			
		成熟度	能认识到问题的复杂性	4	题24：对我来说，这些东西都是紧密联系、不可分离的	摸不清考官意图	3	题26：如果我做招聘的话，我会聘用像我一样的人
			进行合理推测	2	题24：尽管我对金钱并不着迷，但我认为，随着成功、晋升以及表彰的出现，它们一定也会给我带来更多的金钱回报	任性	1	题16：如果我认定某项工作确实很重要，我就会投入全部的精力来完成这项工作
			立足长远	2	题34：好工作可能需要花费一点儿时间去寻找，但从长远看，认真一点儿是值得的	缺乏远见	2	题5：我已获得了管理学学士学位，我认为自己已经受到了很好的教育

续表

和谐系统	类属	子类属	表现、频次与举例					
			好的表现	频次	举例	不好的表现	频次	举例
谐则：可优化设计	思维水平	成熟度	抓主要矛盾	2	题13：当然有时候也可能会同某人发生冲突。这时，我一般会注意寻找冲突的根源，而不是转移到对对方的攻击上	掩饰性明显	5	题24：金钱对我来说并没有那么重要
			善于把握机会	1	题34：现在，人才市场的运作逐步规范，我认为我可以抓住机会了	夸夸其谈，不合实际	2	题50：事情变得越乱我就越高兴
			认识有深度	3	题17：我知道竞争是始终存在的，对我来说最重要的是意识到竞争，清楚我们在为什么而竞争	回答肤浅、缺乏深度	8	题21：如果你像我一样上过好学校，你会学到很多做事的方式，能把这些知识应用到工作中将是非常伟大的
		客观性	用变化发展的眼光看问题	3	题39：不论在长期还是短期，我的个人策略是根据当前目标评价自己所处的位置，然后相应地修改自己的计划。比如，我每五年就制订一项个人计划，这个计划中包含一个总体目标和一系列短期目标。每6个月我就回顾一下自己的进展，然后做出必要的修改	以自我为中心	5	题9：我最希望企业能把我承担的责任界定清楚，同时也能实现我的期望，这是我最重要的标准
		全面性	多角度分析问题	2	题26：如果我做招聘的话，我会考虑以下几个方面……	角度局限	2	题11：如果你要和某人团结合作，你最好要了解这个人。只有这样，大家才能互相理解

在面试过程中，求职者在应试态度、表现方式、内容表达特征方面存在差异，这些特征具有临场发挥的特性，我们把它们概括为"和则"，具体来说，主要表现为以下方面。

第一，求职者在"积极性"方面表现有差异，好的面试者会表现出"愿意付出努力""勇于接受挑战""乐观看待问题""能够适应变化"等，而不好的面试者会表现出"悲观消极""缺乏自信""固守成规"等；在"稳重性"方面，好的面试者会表现出"谦逊不狂妄""严谨认真"，而不好的面试者会表现出"敷衍了事""狂妄自大""言语具有挑衅性"等。我们把这两个方面归属为"态度倾向"。第二，求职者在"条理性"方面表现有差异，好的面试表现"重点突出""分情况论述"，而不好的表现则是"回答模糊笼统""抓不住要点"；在"计划性"方面，好的面试会表现出"有计划性"；在"针对性"方面，会"有针对性回答问题""有效阐述关键概念间的联系""联系企业需求"；在"准确性"方面，好的求职者会表现出"用词贴切""把握题目要义"等；以上这些方面我们总括为"表现方式"。第三，在"内容表达特征"方面，好的求职者会展示自己回答信息的"个性化"，即表现出"事例典型、具体、有区分度""时间节点清晰"；在"见解独特"方面展示出自己"见解独特新颖"的观点；求职者会在"灵活性"方面有差异，相对于不好的表达来说，好的表现是"正话反说"和"机智"等。

另外，在面试过程中，求职者面试前通过采取一系列手段为面试做准备的过程存在差异，主要涉及自我认知、职业生涯规划、知识经验技能、信息收集、思维水平方面。

这些需要求职者长期积累和培养才能获得和具备，我们称之为"谐则"，即它可以进行优化设计，从而为找到适宜的工作做好准备和规划。具体来看，第一，求职面试者会表现出"自我认知"的信息，展示出"自我定位"是"务实"或"有主见"，还是"好高骛远""缺乏主见""贬低别人、抬高自己"之别，好的表现与不好的表现会反映出不同的信息。第二，求职者在面试时表现出"职业定位"，这里好与不好的差异在于有自己的"职业规划"与否。第三，面试过程还能表现出个体的"知识经验技能"方面有差异。例如，在"知识经验积累"方面，好的个体会表现出"理论与实践经验相结合"，而不好的表现则恰恰忽视了这一结合，而在"技能锻炼"程度方面，好的求职者会"展示自己处理复杂问题的能力""展示自己的潜能"，而不好的个体则会"暴露能力不足""逃避问题"。第四，在"信息收集"方面，好的个体会体现出"充分性"，而不好的个体则只是"只针对考题中的个别题作答"，反映对问题的把握和准备不足。第五，在"思维水平"方面，求职者会在"理性""成熟度""客观性""全面性"等方面存在差异。

总之，面试中求职者自我表现的"和则"与"谐则"有明显的差异（尚玉钒和刘婷，2013），具体内容汇总在表 12-4 中。

表 12-4　面试中求职者自我表现的"和则"与"谐则"简表

和则（临场发挥）		谐则（可优化设计）	
一级指标	二级指标	一级指标	二级指标
应试态度	积极性	自我认知	自我定位
	稳重性	职业生涯规划	职业定位
内容表达特征	个性化	知识经验技能	知识经验积累
	见解独特		技能锻炼
	灵活性	信息收集	充分性
表现方式	条理性	思维水平	理性
	计划性		成熟度
	针对性		客观性
	准确性		全面性

四、基于和谐意义给赋系统，求职面试者如何更好展示自我

通过前期研究，我们得到了求职者在面试过程中向面试官展示自己的和谐意义给赋系统。其涉及的核心内容可以用和谐管理理论的关键要素来体现。

"和谐主题"，即求职者对面试结果的设定（得到面试官的认可、积累面试经验等），反映求职者参加面试的期望值以及对面试所要达到目标的认知和理解。

"和则"，即求职者在面试现场的一系列面试表现和发挥对面试官的影响过程，主要

涉及应试态度、表现方式、内容表达特征。求职者通过短期的培训学习就可在这些方面有所提升。

"谐则"，即求职者面试前通过一系列手段为面试做准备的过程，主要涉及自我认知、职业生涯规划、知识经验技能、信息收集、思维水平等。这些能力需要求职者长期积累和培养才能获得和具备。

"耦合"，即面试者在面试现场针对面试官、面试题、面试方式、面试环境、竞争对手等权变因素在"和"与"谐"之间的权宜处理。

通过构建求职者的和谐意义给赋系统，我们希望帮助求职者在求职过程中注意以下几个方面。

第一，我们建构的基于和谐管理理论的求职面试意义给赋系统，将有助于求职者理解在面试过程中个人展示信息所体现出的自我特征状况，它反映出求职者在面试过程中不仅要关注语言或非语言表达技巧，更应该注意自我个体特征的有效表达。

第二，在找工作之前，个体就需要积极准备一些东西，即"谐则"部分。这些准备是不可能一蹴而就的，它需要个体在日常学习和工作中不断地积累和沉淀，并在此过程中不断对其进行优化，具体表现在：自我认知方面，即明确自我定位，清晰自我的人生价值和追求；职业生涯规划方面，即自我职业发展的考虑，以及积累相应的知识经验和技能素养；收集相关信息方面，充分了解应试单位；思维锻炼方面，不断增强问题反应意识，让自己在考虑问题时更加理性、成熟、客观和全面。

第三，个体在面试时有一些是可以临场发挥的，是体现个体能动致变特点的，我们称之为"和则"。例如，应试态度，求职者应该积极主动地应答主考官提出的问题，同时在面试时要始终保持谨慎和持重；个体的回答应该运用自己亲身经历的事件或故事来使自我表达更具个性化，并通过自己的思考提出与众不同的独到见解，还要根据情境反映出自己灵活应变的机敏特征；在表现方式上，对于主考官的询问，回答应该是条理清晰、统筹设计、针对性强、准确把握其要旨的。这些特征，求职者完全可以通过短期的面试培训，或学习网上的"面经"获得改善。

第四，在面试过程中，个体的自我展示需要进行系统性思考，即基于和谐意义给赋系统，不仅强调其构成成分的重要性，还强调要围绕和谐主题的"和"与"谐"的"耦合"，即任何单一特征的"好"都只是系统完好运行的充分但非必要条件，个体需要在面试时根据当时的具体情境作出权宜的判断和处理。

本 章 小 结

本章我们把和谐意义给赋系统放在三个实践领域来进行应用演练分析。

第一个应用场景是对立双方的沟通。本书选择经典的历史故事《触龙说赵太后》为分析案例，从触龙成功地实现对立双方沟通来学习应对此种情境的处理技巧。在此案例中，我们识别和谐意义给赋系统的各构成部分为："和谐主题"就是说服赵太后把长安君送去当人质，以达到齐国出兵救赵的目的。"谐则"是触龙对于整个沟通过程的优化设计。"和则"，这里是触龙在现场与赵太后对话中所展示的一系列行动影响举措。"耦合"则是根据沟通对象身份及年龄、沟通时间和地点选择等来做相应的权宜选择。

第二个应用场景是项目融资路演。基于和谐意义给赋的项目路演系统包括以下几部分："和谐主题"是指项目路演的核心，即项目自身锁定的市场上的"用户痛点"或本领域业界待解决的瓶颈问题。"和谐主题"既是一个项目的价值基础前提，也是路演者在整个讲解过程中需要展示的主旨内容。"谐则"主要指路演项目的内容展示，它通过事先设计和构思，凝结在 PPT 的项目价值展示内容和 PPT 的展示形式，这是系统可"优化设计"的部分，它可以是路演者在准备阶段不断修改完善的部分。"和则"主要是指路演者自身的路演风格，它涉及路演者在场上表现，运用口头语言和非语言而展现出来演讲风格，这是系统"能动致变"的部分，它需要路演者在登台后根据现场情境进行灵活的应对。"耦合"主要是指通过路演者自身演讲状态的调整来驾驭情境的相关要素，具体表现为路演者自信心程度、身体模式、热度等的状态调适。

第三个应用场景是求职面试。本书把求职面试者与面试考官之间的沟通影响过程视为一个意义给赋过程。根据和谐意义给赋系统的理论框架，它强调当沟通主体在影响他人对于情境的认知时，动用了一个系统：它并不单纯强调其语言技巧的运用，更是一种沟通主体对自身特色的调动，同时需要综合考虑对各种可控方式的组织，在针对具体管理对象和情境的基础上进行权变，以达成最终耦合的有效沟通影响过程。具体来说，"和谐主题"，即求职者对面试结果的设定（得到面试官的认可、积累面试经验等），反映求职者参加面试的期望值以及对面试所要达到目标的认知和理解。"和则"，即求职者在面试现场的一系列面试表现和发挥对面试官的影响过程，主要涉及应试态度、表现方式、内容表达特征。求职者通过短期的培训学习就可在这些方面有所提升。"谐则"，即求职者面试前通过一系列手段为面试做准备的过程，主要涉及自我认知、职业生涯规划、知识经验技能、信息收集、思维水平等。这些需要求职者长期积累和培养才能获得和具备。"耦合"，即面试者在面试现场针对面试官、面试题、面试方式、面试环境及竞争对手等权变因素在"和"与"谐"之间的权宜处理。

思考与练习

1. 根据你自己的理解，思考意义给赋系统干预可以运用到哪些管理实践中。

2. 在处理与对立方的沟通时，如何理解和运用和谐意义给赋系统？请结合自己的工作和生活实际来说明其应用。

3. 你认为项目路演一般需要关注哪些要素？本章针对项目路演所开发的和谐意义给赋系统对你有什么启发？

4. 在你经历过的求职面试中，哪些方面的表现是你感觉不太有把握的？这里所提出的求职面试中的和谐意义给赋系统对你有什么启发？

参 考 文 献

阿德勒 A. 2015. 生命对你意味着什么. 王倩译. 海口：南海出版公司.

艾萨克森 W. 2023. 史蒂夫·乔布斯传. 赵灿译. 北京：中信出版社.

班德勒 R. 2015. NLP：自我改变的惊人秘密. 胡尧, 李奕萱译. 北京：华夏出版社.

班德勒 R, 葛瑞德 J. 2014. 神奇的结构 1：NLP 语言与治疗的艺术. 王建兵译. 北京：世界图书出版公司.

德斯勒 G. 1999. 人力资源管理. 刘昕, 吴雯芳等译. 北京：中国人民大学出版社.

迪尔茨 R. 2016. 语言的魔力：用语言转变信念的神奇旅程. 谭洪岗译. 长春：北方妇女儿童出版社.

杜阿尔特 N. 2021. 用数据讲故事：有效促进沟通和绩效提升的路径图. 王菲菲译. 北京：电子工业出版社.

弗兰克尔 V. 2018. 活出生命的意义. 吕娜译. 北京：华夏出版社.

高建华. 2006. 笑着离开惠普. 北京：商务印书馆.

郭士纳. 2003. 谁说大象不能跳舞？. 张秀琴译. 北京：中信出版社.

赫拉利 Y. 2017. 未来简史：从智人到神人. 林俊宏译. 北京：中信出版社.

加洛 C. 2011. 乔布斯的魔力演讲. 葛志福译. 北京：中信出版社.

贾林祥. 2006. 意义与人生：意义治疗的理论研究. 青岛：中国海洋大学出版社.

卡梅隆-班德勒 L, 勒博 M. 2014. 好情绪, 不抑郁. 蒋雪芬译. 北京：中国华侨出版社.

卡尼曼 D. 2012. 思考, 快与慢. 胡晓姣, 李爱民, 何梦莹译. 北京：中信出版社.

柯维 S. 2015. 第 3 选择：解决所有难题的关键思维. 李莉, 石继志译. 北京：中信出版社.

库恩 T. 2021. 科学革命的结构. 4 版. 金五伦等译. 北京：北京大学出版社.

库泽斯 J M, 波斯纳 B Z. 2012. 领导力. 4 版. 付豫波译. 北京：电子工业出版社.

奎克 J. 2020. 无限可能. 王小皓译. 北京：人民邮电出版社.

李会钦. 2007. 意义的追寻与重建. 北京：新华出版社.

李晶晶. 2009. 班杜拉社会学习理论述评. 沙洋师范高等专科学校学报, 5 (3)：22-25.

列维-斯特劳斯 C. 2006. 结构人类学. 张祖建译. 北京：中国人民大学出版社.

罗宾斯 A. 2002. 激发无限的潜力. 李成岳译. 北京：新华出版社.

罗宾斯 S P, 贾奇 M A. 2012. 组织行为学. 14 版. 孙健敏, 李原, 黄小勇译. 北京：中国人民大学出版社.

罗宾斯 S P, 库尔特 M. 2004. 管理学. 刘刚, 程熙铭, 梁晗译. 大连：东北财经大学出版社.

马克. 2015. 舌行天下：上台演讲及当众讲话实战技巧. 北京：北京联合出版公司.

马斯洛. 1987. 人的潜能和价值. 彭吉象译. 北京：华夏出版社.

诺瓦克 A. 1987. 艾柯卡自传. 周谦, 叶进译. 石家庄：河北科学技术出版社.

秦光涛. 1998. 意义世界. 长春：吉林教育出版社.

任朝霞, 陈萍. 2004. 班杜拉社会学习理论及其在教育中的应用. 山东省农业管理干部学院学报, 20 (5)：
    138-140.

尚玉钒. 2010a. 基于意义给赋的领导沟通过程对员工激励的作用机理研究. 管理学家（学术版）, 10：44-51.

尚玉钒. 2010b. 激励范式的革命——从"发现需要—激励"到"引导需要—激励". 管理学家（学术版）,
    3：25-30.

尚玉钒. 2011. 与下属员工互动过程中领导的意义给赋系统研究——以企业如何"颁发创新奖"为例. 管理
    学家（学术版）, 7：48-56.

尚玉钒. 2012a. 领导在危机时刻的意义给赋. 管理学家（实践版）, 1：23-25.

尚玉钒. 2012b. 通过和谐意义给赋系统实现对立方之间的沟通. 管理学家（学术版），6：41-47.

尚玉钒. 2019. 项目融资路演全攻略：商业融资策略与技巧. 北京：北京大学出版社.

尚玉钒，李磊，席酉民. 2010. 组织不确定情境下领导主题框定及其相关研究启示. 管理学报，9：1297-1302.

尚玉钒，刘婷. 2013. 基于和谐意义给赋系统的求职面试应对策略研究. 管理学家（学术版），2：3-13.

尚玉钒，马娇. 2011. "工作意义"的变迁研究. 管理学家（学术版），3：59-67.

尚玉钒，席酉民，马娇，等. 2013. 基于和谐意义给赋系统的领导对下属的激励研究——以优博导师指导研究生为例. 管理学家（学术版），4：3-17.

尚玉钒，席酉民，宋合义. 2008. 基于和谐管理理论的领导行为有效性研究. 管理学家（学术版），2：113-119.

尚玉钒，席酉民，赵童. 2010. 愿景、战略与和谐主题的关系研究. 管理科学学报，13（11）：4-11.

尚玉钒，叶静，马娇. 2011. 基于和谐管理理论的领导意义给赋系统研究——以教师对管理类课程的课堂组织与管理过程为例. 管理学家（学术版），10：28-37.

尚玉钒，张晓军，席酉民. 2009. 领导对不确定情境的意义给赋：谈和谐主题及其框架效应. 管理学家（学术版），5：3-12，76.

斯通 D，佩顿 B，汉 S. 2011. 高难度谈话. 王甜甜译. 北京：中国城市出版社.

王风范. 2016. 资本路演：成功融资的路演实战图解. 北京：中国经济出版社.

西奥迪尼 R. 2006. 影响力. 闫佳译. 北京：中国人民大学出版社.

希思 C，希思 D. 2010. 瞬变：如何让你的世界变好一些. 焦建译. 北京：中信出版社.

希思 C，希思 D. 2018a. 行为设计学：零成本改变. 焦建译. 北京：中信出版社.

希思 C，希思 D. 2018b. 行为设计学：打造峰值体验. 靳婷婷译. 北京：中信出版社.

席酉民，尚玉钒. 2005. 和谐管理理论. 北京：中国人民大学出版社.

杨锡山，等. 1986. 西方组织行为学. 北京：中国展望出版社.

一行禅师. 2010. 与生命相约. 明洁，明尧译. 北京：紫禁城出版社.

一行禅师. 2011. 生命即当下. 向兆明译. 北京：中信出版社.

佚名. 2014. 星巴克员工把批评转化为 3W 辅导. https://doc.mbalib.com/view/5d37f7d285778c026c23b4b59a01b67b. html P26[2023-01-10].

《中外管理》杂志. 2014. 森诺胜利的故事与哲理. 北京：经济日报出版社.

Bartunek J，Krim R，Necochea R, et al. 1999. Sensemaking，sensegiving，and leadership in strategic organizational development // Wagner J.Advances in qualitative organizational research，2：37-71. Greenwich，CT：JAI Press.

Block L G，Keller P A. 1995. When to accentuate the negative：The effects of perceived efficacy and message framing on intentions to perform a health-related behavior. Journal of Marketing Research，5，192-203.

Brockner E，Higgins E T. 2001. Regulatory focus theory：Implications for the study of emotions at work. Organizational Behavior and Human Decision Processes，86（1）：35-66.

Cartwright S，Holmes N. 2006. The meaning of work：The challenge of regaining employee engagement and reducing cynicism . Human Resource Management Review，16：199-208.

Chalofsky N. 2003. An emerging construct for meaningful work. Human Resource Development International，6（1）：69-83.

Gioia D A，Chittipeddi K. 1991. Sensemaking and sensegiving in strategic change initiation. Strategic Management Journal，12：433-448.

Harpaz I，Fu X N. 2002. The structure of the meaning of work：A relative stability amidst change. Human Relations，55（6）：639-667.

Harpaz I，Meshoulam I. 2010. The meaning of work，employment relations and strategic human resources management in Israel. Human Resource Management Review，20：212-223.

Levin I P，Schneider S L，Gaeth G J. 1998. All frames are not created equal：A typology and critical analysis of framing effects. Organizational Behavior and Human Decision Processes，76：149-188.

Lips-Wiersma M，Morris L. 2009. Discriminating between 'Meaningful Work' and the 'Management of Meaning'. Journal of Business Ethics，88：491-511.

Maitlis S. 1999. The social processes of organizational sensemaking. Academy of Management Journal，48：21-49.

Maslow A H. 2000. A theory of human motivation. Psychological Review，50：370-396.

Mehrabian A. 1972. Silent Messages. 2nd ed. Belmont，California：Wadsworth.

Morse N C，Weiss R S. 1955. The function and meaning of work and the job. American Sociological Review，20（2）：191-198.

Robert W，Peter L. 2003. The meaning of work in Chinese context：A comparative study. Journal of Cross Cultural Management，3（2）：139-165.

后 记

当写到这里，我有一种如释重负的感觉，最早对于"意义"的关注始于2007年。当时，我正处于自己职业发展的低谷期，我的研究因故停滞了一段时间，当我准备"复出"时，非常迷茫，不知道该往何方走，不知道如何才能摆脱困境。我开始思考"意义"的问题，当我与学院的同事聊起自己的研究方向时，听到了一些异议的声音"这个东西怎么可以说得清"，但我只是因为自己困惑于当时已有的理论难以释怀，还是抑制不住自己的好奇心想去探索存在的"意义"。当时我就抓住"Sense-giving"（意义给赋）这个关键词，非常感谢我的工作单位——西安交通大学管理学院，它给予我非常宽松的科研探索氛围，其间我相继做过"工作意义"（meaning of work）、"发钱的意义"（meaning of pay）、"基于和谐管理理论的意义给赋系统"等相关研究，发表了一些文章。在研究的同时，我也结合给西安交通大学管理学院 MBA 同学讲授的"管理思维与管理沟通"课程以及给本科生讲授的"管理沟通"课程，把研究的成果相继介绍给学生，那些优秀的学生们都表现出一定的兴趣。记得曾经有一位 MBA 同学在课间与我聊天时就说："老师，我觉得这个'意义给赋'很好，它的意义和价值毋庸置疑，但关键是如何来做呢？"我当时就想，我只是给同学们介绍了其价值，分析了其原理，但我并没有搞清楚它的运作规律，这样，也就没法用于指导大家的工作和生活实践，当然，这些又进一步激发起我的研究探索兴趣。

我这几年做的推进工作就是：一方面，我不断地组织学生针对自己的工作和生活实际来谈其现实应用的可行性；另一方面，我带着这个问题不断地去找寻可能的答案。我看到神经语言程式（Neuro-Linguistic Programming，NLP）、迪尔茨的《语言的魔力》、班杜拉的"社会学习理论"、希思兄弟的"行为设计学"，还有我的博士生导师席酉民教授的"和谐管理理论"等，在学习这些理论观点时，我感觉自己的思路日渐清晰起来，正如本书完稿时所呈现的体系——这里通过意义给赋进行的管理思维与管理沟通可以分为语言干预、非语言干预（行为、情境）及系统干预，至此，关于"意义给赋如何做"的问题，在我看来，在实践操作上可以说是有章可循了。当然，我知道它还需要更多基于我国本土管理实践的案例来使其逐渐丰富和完善，这也将是我日后工作的重点。我已经开始筹划后续的推广工作，现在已经着手在一些新媒体平台尝试着介绍有关"意义"探寻的相关内容，并计划在本书出版后，稳中有进地采用授课、公开演讲、报告和教练辅导的方式来让人们了解它，从而让更多的人能从中受益。

这些年的摸索过程，我要感谢很多人：我的老师和同事，以及与我研讨的学生和学员，他们都通过各种方式启发着我对"意义给赋"的思考。特别要提到的是西安交通大学管理学院的李怀祖老师，他是我非常敬重的前辈，虽年事已高，但在管理研究方法论方面造诣深厚且一向治学严谨，当我邀请他帮我审读书稿时，他欣然同意，并在两三天之内就在打印稿上手写了许多很有价值的意见反馈给我。每每与李老师探讨问题都会让我受益匪浅，这一次我又跟他老人家学到许多宝贵的经验。

在这个过程中，我要特别感谢我的学生张婉棱、刘慧慧，她们在书稿的第一版校对中付出了很多辛劳，让我本来比较随笔的行文更具条理性，增加了本书的可读性和严谨性。

我还要特别感谢出版过程中，科学出版社方小丽老师对于本书的出版付出的辛劳，她热心地组织召开线上会议，统筹安排书稿的修订工作，这让我非常感动。她们给予本书许多文字方面的耐心校正和核对，指导我严格遵循出版规范，并精心对内容进行排版，对封面进行美化设计，是所有这些努力最终才使本书得以与读者见面。

本书即将付梓，它的实践意义还要接受各位读者的检验，我希望本书所反映的内容可以启发到一些人，更希望它能为一些读者开启一扇窗，让我与读者们有互动的机会，大家可以通过登录喜马拉雅平台的"凡声物语"频道，在"意义赋能"栏目里参与留言或评论，通过这种网络方式与我交流，以便我可以更好地帮助到有需要的人，也使我自己可以找到进一步细化与精进的方向。